prima Los geht's!

Deutsch für Kinder

Aleksandra Obradović
Susanne Sperling
Giselle Valman
Angelika Lundquist-Mog
Julia Stander

A1 | Band 1
Handreichung für den Unterricht

Cornelsen

A1 Deutsch für Kinder

Im Auftrag des Verlages erarbeitet von
Aleksandra Obradović
Susanne Sperling
Giselle Valman
Angelika Lundquist-Mog
Julia Stander

Projektleitung: Kathrin Sokolowski
Redaktion: Heike Krüger-Beer

Illustrationen Umschlag: Ulla Mersmeyer, Berlin
Layoutkonzept: Rosendahl Berlin, Agentur für Markendesign
Layout und technische Umsetzung: zweiband.media, Berlin
Umschlaggestaltung: Rosendahl Berlin, Agentur für Markendesign

Informationen zur Lehrwerksreihe von prima Los geht's! finden Sie unter www.cornelsen.de und www.cornelsen.de/daf-schule

Abkürzungen und Symbole		Symbole	
L	Lehrer und/oder Lehrerin; Lehrer und Lehrerinnen	≠	Binnendifferenzierung
S	Schüler und/oder Schülerin; Schüler und Schülerinnen	+	Lesetexte
Spr	Sprecher und/oder Sprecherin; Sprecher und Sprecherinnen	⚃	Spiele
HV	Hörverständnisübung	V	Videohinweis
LV	Leseverständnisübung	TIPP	Tipp
SB	Schülerbuch	i	Informationen
AB	Arbeitsbuch		

www.cornelsen.de

Soweit in diesem Werk Personen fotografisch abgebildet sind und ihnen von der Redaktion fiktive Namen, Berufe, Dialoge und Ähnliches zugeordnet oder diese Personen in bestimmte Kontexte gesetzt werden, dienen diese Zuordnungen und Darstellungen ausschließlich der Veranschaulichung und dem besseren Verständnis des Inhalts.

1. Auflage, 3. Druck 2024

© 2018 Cornelsen Verlag GmbH, Berlin

Das Werk und seine Teile sind urheberrechtlich geschützt. Jede Nutzung in anderen als den gesetzlich zugelassenen Fällen bedarf der vorherigen schriftlichen Einwilligung des Verlages.
Hinweis zu §§ 60a, 60b UrhG: Weder das Werk noch seine Teile dürfen ohne eine solche Einwilligung an Schulen oder in Unterrichts- und Lehrmedien (§ 60b Abs. 3 UrhG) vervielfältigt, insbesondere kopiert oder eingescannt, verbreitet oder in ein Netzwerk eingestellt oder sonst öffentlich zugänglich gemacht oder wiedergegeben werden. Dies gilt auch für Intranets von Schulen und anderen Bildungseinrichtungen.

Druck: H. Heenemann, Berlin

ISBN 978-3-06-520629-7

PEFC zertifiziert
Dieses Produkt stammt aus nachhaltig bewirtschafteten Wäldern und kontrollierten Quellen.
www.pefc.de

PEFC/04-31-1156

Inhaltsverzeichnis

Einführung	4
Teile des Lehrwerks	7
Aufbau einer Einheit	8
Gesamtüberblick	10
Vormodul: Los geht´s!	12
Einheit 1: Ich und du	15
Einheit 2: Meine Freunde	19
Kleine Pause 1	24
Einheit 3: Meine Schulsachen	26
Einheit 4: Meine Schule	31
Kleine Pause 2	36
Einheit 5: Meine Woche	38
Einheit 6: Das esse ich gern	42
Kleine Pause 3	46
Einheit 7: Meine Familie	48
Einheit 8: Mein Lieblingstier	51
Kleine Pause 4	55
Feste feiern: Weihnachten	57
Feste feiern: Ostern	58
Kopiervorlagen	60
Tests	78
Lösungsschlüssel Tests	88
Hörtexte Tests	89
Hörtexte Schülerbuch	90
Hörtexte Arbeitsbuch	95
Hörtexte Animationsfilme	98
Lösungsschlüssel Arbeitsbuch	100

Einführung

prima^{Los geht's!} **Deutsch für Kinder** richtet sich an S ab der dritten Klasse (ab 8 bis 9 Jahren), die Deutsch als erste oder zweite Fremdsprache lernen. **Band 1** richtet sich an Sprachanfänger. Zusammen mit **Band 2** und **3** führt prima^{Los geht's!} **Deutsch für Kinder** zur Niveaustufe A1 des Gemeinsamen europäischen Referenzrahmens. Aufbauend führen die Bände prima^{plus} **Deutsch für Jugendliche A2.1** und **A2.2** zur Niveaustufe A2 sowie **Band B1** zur Niveaustufe B1. Weiterhin führen Bände der Reihe *prima* zu den Niveaustufen B2 und C1.

prima^{Los geht's!} **Deutsch für Kinder, Band 1** umfasst ein Einstiegsmodul „Los geht's!", acht Einheiten, vier Wiederholungsmodule „Kleine Pause" sowie einen Anhang „Feste feiern" zum flexiblen Einsatz im Laufe des Schuljahres. Jede Einheit kann in drei bis vier Unterrichtseinheiten (UE à 45 Minuten) bearbeitet werden. Das **Schülerbuch Band 1** kann somit in 35 bis 45 UE bearbeitet werden. Darüber hinaus bietet das Arbeitsbuch zu prima^{Los geht's!} Aufgaben zur Vertiefung, Wiederholung und Selbstevaluation. Die vorliegende Handreichung bietet weitere Tipps für zusätzliche Spiele und Kopiervorlagen für den Unterricht mit prima^{Los geht's!}. Jeder Band kann sowohl als Jahresband als auch als Halbjahresband eingesetzt werden.

Methodisch-didaktische Grundlagen

Grundprinzip von prima^{Los geht's!} ist die Orientierung an der Handlungskompetenz, wie sie der *Rahmenlehrplan Deutsch als Fremdsprache für das Auslandsschulwesen* und der *Gemeinsame europäische Referenzrahmen* für den modernen Fremdsprachenunterricht vorsehen. Konzept und Aufbau von prima^{Los geht's!} folgen daher den Prinzipien der Kommunikations- und Handlungsorientierung. Im Fokus stehen Kompetenzentwicklung, Situationsbezug als Herausforderung für authentisches Handeln, Sozialbezug in der Lerngruppe und Bedeutsamkeit der Inhalte.

Begleitet werden die S dabei von den Protagonisten Mia, Emil, Lukas, Lotte und Tom und ihrem Hund Socke. Sie nehmen die S mit in ihren Alltag, in Schule, Familienleben und Freizeit. Die Sprachkompetenzen der S werden in motivierenden Lernarrangements und mit abwechslungsreichen Aufgabentypen spielerisch aufgebaut.

Phonetik, Rhythmus, Intonation

Die Arbeit an der Phonetik beim Erlernen einer Fremdsprache ist eine grundlegende Voraussetzung für den Erwerb der kommunikativen Fremdsprachenkompetenz. Aus diesem Grund wird in prima^{Los geht's!} die Etablierung neuer Hörmuster und Sprechbewegung durch kommunikative Aussprachübungen gefördert. Die Phonetik wird in eng verwandte linguistische Bereiche, wie Grammatik oder Wortschatzerwerb, sowie in eng verwandte Fertigkeiten, wie das Hören und das Sprechen, integriert. Eine solche Integration stützt sich überdies auf den Einsatz von Visualisierungen, Bewegungen und Emotionen, die nicht nur relevante phonetische Aspekte hervorheben, sondern auch das Lernen auf spielerische Art und Weise unterstützen.

Einführung

Landeskunde

Landeskunde spielt in prima*Los geht's!* durchgehend eine wichtige Rolle.

Eine illustrierte DACH-Karte stellt die wichtigsten Städte, Gebirge, Gewässer und erste „typische" Assoziationen sowie die Grenzländer dar.

Fotos, Dialoge, Lieder und Texte vermitteln viele Eindrücke vom Leben von Kindern in deutschsprachigen Ländern.

Wortschatz

Die Interessen von Kindern, ihre Vorlieben, ihr Alltag, ihre Sichtweisen sind Ausganspunkt für die Auswahl der Themen von prima*Los geht's!*. Der Wortschatz orientiert sich an den Themen- und Erfahrungsfeldern des *Rahmenlehrplans Deutsch als Fremdsprache für das Auslandsschulwesen* sowie an den Wortschatzlisten, die Grundlage der Vorbereitung auf das *Goethe-Zertifikat A1 „Fit in Deutsch 1"* darstellen.

Da die S möglichst schnell sprachliche Handlungskompetenz erlangen sollen, finden sich in prima*Los geht's!* auch „chunks", d. h. Wörter, Ausdrücke, Wendungen, die auf der erreichten Stufe noch nicht erschlossen werden, die aber als Ganzes gelernt, in der Kommunikation sinnvoll verwendet werden können.

Grammatik

Grammatikthemen werden in prima*Los geht's!* ausschließlich implizit eingeführt und kommunikativ geübt. Eingeführt mit Beispieldialogen und aktivierenden Aufgaben wenden die S grammatische Strukturen direkt an. Jede Einheit schließt jedoch mit einer expliziten Darstellung der eingeführten Wendungen und Strukturen auf der Seite „Das kannst du" ab. Auf dieser Seite gewinnen Lehrkräfte, S sowie Eltern einen schnellen Überblick über den Lernstoff der Einheit.

Hören – Sprechen

prima*Los geht's!* bietet einen systematischen Aufbau der Hörkompetenz. Im Schüler- und im Arbeitsbuch sind alle Einheiten mit zahlreichen Audios ausgestattet. Neuer Wortschatz und Dialoge können stets zuerst gehört und mitgelesen und anschließend selbst gesprochen werden.

Darüber hinaus gibt es vielfältige Hörübungen, in denen von globalem bis zu genauem Hören das Hörverständnis und verschiedene Hörstrategien trainiert werden. Zusätzlich gibt es Lieder und Gedichte, die den klanglichen Aspekt der Sprache betonen und die S emotional ansprechen.

Die Entwicklung der Sprechkompetenz spielt in prima*Los geht's!* eine bedeutende Rolle. Ziel ist, dass die S sich über das Thema der Einheit austauschen können. Die dafür notwendigen Strukturen werden in Modelldialogen, Nachsprechübungen und Sprechspielen (wie Karussell und Ballwurfspielen) eingeübt und automatisiert, sodass sie in freier Kommunikation zur Verfügung stehen.

Lesen – Schreiben

prima*Los geht's!* bietet von Anfang an Lesetexte und vermittelt über den dazugehörigen Aufgabenverlauf Lesestrategien. Im Band 1 sind die Lesetexte dem Sprachniveau entsprechend kurz. Die S lernen anhand einfach formulierter privater und öffentlicher Alltagstexte, Informationen zu entnehmen. Jede Einheit schließt mit einem humorvollen Comic ab.

Einführung

Auch das eigenständige Verfassen kleiner Texte wird in prima*Los geht's!* von Anfang an trainiert. Eine besondere Rolle spielen dabei die Portfolio-Texte. Zu jedem Thema in Band 1 schreiben die S einen persönlichen Text. Diese Texte können in einem Portfolio gesammelt werden und dokumentieren die individuellen Lernfortschritte. Die Aufgaben dazu finden sich im Arbeitsbuch.

Miniprojekte

In jeder Einheit ist ein Miniprojekt angesiedelt, welches den S ermöglicht, sich mit dem Thema der Einheit eigenständig auseinanderzusetzen. In Kleingruppen übertragen sie das Thema auf ihre eigene Situation, wenden die gelernten sprachlichen Mittel aktiv an und nutzen ihre Kooperationsstrategien, um ein gemeinsames Ergebnis zu entwickeln. Die Aufgaben und Gruppenarbeiten in den Miniprojekten können je nach Bedarf zur Binnendifferenzierung eingesetzt werden.

Hör-Sehverstehen / Kleine Pause mit Leo

Nach jeweils zwei Einheiten können die S einen Animationsfilm sehen und dazu die Aufgaben auf der Seite „Kleine Pause mit Leo" bearbeiten. Inhalte, Wortschatz und Sprachstrukturen bauen auf der sprachlichen Progression des Schülerbuches auf. Sie werden in den Animationsfilmen in einem neuen Kontext präsentiert. Ziel ist die Schulung des Hör-/Sehverstehens. Unterschiedliche Übungen ermöglichen den S, mit ihnen den Inhalt der Filme zu erschließen und zu verstehen. Der Wortschatz geht in Einzelfällen über das Gelernte hinaus, ist dann jedoch durch die Aufgaben, den Kontext und die Visualisierung erschließbar.

Die Animationsfilme sind ansprechend, lustig und emotional und knüpfen an die Erfahrungsbereiche der Kinder an. Hafenkater Leo ist die Hauptperson. Ihm ist zunächst in jedem Film langweilig, aber dann hat er immer eine Idee. An der Stelle kommt die zweite Figur ins Spiel, das Mädchen Ella. Mit ihr zusammen erlebt Leo unterschiedliche Situationen und muss sich häufig mit Ella auseinandersetzen. Eine Lösung finden die beiden immer, denn sie sind Freunde. Durch die Identifikation mit den Filmfiguren Leo und Ella finden die S einen emotionalen Zugang zu den Themen und der deutschen Sprache.

Die Rolle des Arbeitsbuches

Das Arbeitsbuch dient der Vertiefung des Lernstoffs. Es kann zusätzlich im Unterricht sowie zum selbstständigen Üben und Wiederholen zu Hause eingesetzt werden. Die Hörübungen und Lieder erweitern zusätzlich das Hörverstehen. Alle Audios stehen kostenlos im Webcode zur Verfügung.

Testen, Prüfen, Selbstevaluation

Beim Fremdsprachenunterricht für Grundschulkinder liegt der Schwerpunkt der Leistungsfeststellung und -bewertung im mündlichen Bereich. Schulen, in denen dennoch Lernstandserhebungen schriftlicher Form benötigt werden, stehen kurze Tests zu allen acht Einheiten sowie ein Gesamttest zur Verfügung.

Wir wünschen Ihnen und Ihren Schülerinnen und Schülern viel Spaß und Erfolg beim Unterrichten und Lernen mit prima*Los geht's!*!

Teile des Lehrwerks

Das Schülerbuch – für die Arbeit in der Klasse:
- Dialoge, Hör- und Lesetexte
- Entwicklung der vier Fertigkeiten Hören, Sprechen, Lesen und Schreiben
- vielfältige kommunikative Aufgaben
- integrierte Phonetik
- Vorschläge für Projektarbeit
- Bewegungsspiele und Lieder zum Mitmachen
- übersichtliche Zusammenfassung der Grammatik zu jeder Einheit
- Comics am Ende jeder Einheit

mit Audios und interaktiven Übungen unter www.cornelsen.de/webcodes Code: mivupe

Die Animationsfilme:
- als Download erhältlich
- vier unterhaltsame Animationsfilme mit Aufgaben im Schülerbuch

Handreichungen für den Unterricht:
- didaktische Erklärungen und Tipps für den Unterricht
- Spiele
- Kopiervorlagen
- Transkripte der Hörtexte
- Lösungsschlüssel Schüler- und Arbeitsbuch

mit Audio-CD zum Schülerbuch:
- Dialoge und Hörtexte
- Sprechübungen
- Phonetik und Intonation
- Lieder

mit Tests:
- Lernstandserhebungen zu jeder Einheit
- ein Abschlusstest
- Lösungsschlüssel Tests

Das Arbeitsbuch:
- spielerische Aufgaben für vertiefende Stillarbeit und Hausaufgaben
- 1:1-Beziehung zum Schülerbuch
- abwechslungsreiche Übungen zu Grammatik, Wortschatz und Redemitteln
- Lernwortschatz zu jeder Einheit
- eine Selbstevaluation am Ende jeder Einheit
- systematische Grammatikzusammenfassung im Anhang
- mit Stickerbogen

Audios zum Arbeitsbuch als Download verfügbar unter www.cornelsen.de/webcodes
Code: gufere
- Dialoge und Hörtexte
- Phonetik und Intonation
- Lieder

Internetauftritt: www.cornelsen.de/daf-schule
- Informationen
- Audios zum Schüler- und Arbeitsbuch als Download
- zusätzliche Materialien

Der digitale Unterrichtsmanager – für zu Hause oder in der Klasse:
- Schülerbuch als PDF
- Audios zum Schülerbuch
- Animationsfilme zum Schülerbuch
- Handreichung für den Unterricht
- Kopiervorlagen
- Tests
- als Download und als Stick erhältlich

Aufbau einer Einheit

Schülerbuch

Aufbau	Eine klare, wiederkehrende Struktur unterstützt Sie und die S bei der Orientierung innerhalb der Einheiten. Jede Einheit umfasst 6 Seiten.
Auftaktseiten (Seite 1 und 2)	Eine reich bebilderte Doppelseite dient dem Einstieg in das jeweilige Thema. Die Seiten präsentieren Einblicke in landeskundlich interessante Orte und Begegnungen von Kindern. Auf den Fotos werden über einfache Dialoge neue sprachliche Wendungen eingeführt. Diese Dialoge stehen immer als Audio-Angebot zur Verfügung. Bereits hier werden die neuen Wörter und Wendungen auch in Aussprache-Übungen trainiert. In der Fußzeile sind die Lernziele der Einheit für Sie zusammengefasst.
Die Seiten 3–4	Die dritte und vierte Seite jeder Einheit führen neue Wendungen und Strukturen zum Thema ein. Abwechslungsreiche Aufgabentypen ermutigen die S zum sprachlichen Handeln. Bewegungsspiele wie Pantomime, Ballwurfspiele oder Karussell gestalten Ihren Unterricht abwechslungsreich und spielerisch.
Lieder und Miniprojekt (Seite 5)	Einfache Wortspiele, Lieder und Gedichte ermutigen und animieren die S zum Mitmachen. Im Miniprojekt wiederholen die S das Gelernte in kleinen Gruppen und präsentieren ihre Lernergebnisse.
Das kannst du (Seite 6)	Die Rubrik „Das kannst du" präsentiert alle Wendungen, grammatischen Strukturen und Phonetik-Phänomene, die den Lernstoff der Einheit darstellen.
Comic	Die untere Hälfte dieser Seite schließt die Einheit mit einem humorvollen Comic ab. Die S lesen für sich oder zu zweit, können anschließend die Sprechblasen umschreiben oder die Situation mit den dem Schülerbuch beiliegenden Handpuppen nachspielen.
Kleine Pause	In der „Kleinen Pause" wiederholen die S nach jeder 2. Einheit die Themen und den Lernstoff der beiden vorangegangenen Einheiten in Form eines Spiels. Zusätzlich stehen Ihnen in den „Kleinen Pausen mit Leo" Aufgaben zum Hör-/Sehverstehen für den Einsatz der Animationsfilme zur Verfügung.
Alphabetische Wortliste	Im Anhang des Schülerbuches finden Sie eine alphabetische Wortliste, die den gesamten Wortschatz des Schülerbuches, Band 1 auflistet und anzeigt, wo dieses Wort zum ersten Mal vorkommt.
Buchstaben und Laute	Im Anhang finden Sie einen Überblick über die Buchstaben und Laute im Deutschen mit Beispielwörtern aus dem neu erworbenen Wortschatz.
Die Freunde zum Ausschneiden	Im Anhang finden Sie die Figuren Lukas, Lotte, Mia, Emil, Tom und Socke zum Ausmalen und Ausschneiden. Mit diesen Handpuppen können die S Dialoge im Figurentheater nachspielen.

Aufbau einer Einheit

Arbeitsbuch

Schülerbuch – Arbeitsbuch

Das Arbeitsbuch kann zur Vertiefung im Unterricht und zum selbstständigen Üben zu Hause eingesetzt werden. Arbeitsbuch und Schülerbuch sind eng miteinander verzahnt. Die Übungen zu jeder Einheit lassen sich der entsprechenden Aufgabe 1:1 zuordnen. Die einzelnen Lernschritte werden in leicht variierenden Aufgaben vertieft.
Die letzte Aufgabe vor der „Was kann ich?"-Seite entspricht nicht der Projekt-Aufgabe im Schülerbuch, sondern führt mehrere Lernschritte der Einheit in einer komplexeren Aufgabenstellung zusammen.
Die beiliegende Audio-CD ermöglicht zusätzliches Üben des Hörverstehens. Dies umfasst auch Aufgaben zur Phonetik.
Einzelne Lieder aus dem Schülerbuch werden zum nochmaligen Hören angeboten.

Portfolio-Aufgabe

Ein wichtiger Bestandteil des Lernprozesses ist die Wahrnehmung und Anerkennung individueller Lernfortschritte. Wir empfehlen daher, eine grundschulspezifische Version des Europäischen Sprachenportfolios möglichst früh einzuführen und seine Handhabung in kleinen Schritten zu üben. Einen Bestandteil des Portfolios bietet die Portfolio-Aufgabe in jeder Einheit, in welcher die S individuelle Ergebnisse zum aktuell behandelten Thema entwickeln.

Was kann ich?

Passend zur Überblicksseite im Schülerbuch „Das kannst du" finden Sie im Arbeitsbuch die Evaluationsseite „Was kann ich?". Hier können die S sich selbst testen und sehen, was sie schon können oder eventuelle Unklarheiten feststellen. In diesem Fall hilft ihnen ein Verweis auf die entsprechende Überblicksseite im Schülerbuch, wo sie die Grundlagen noch einmal nachschlagen können. Die Lösungen befinden sich im Anhang des Arbeitsbuches.

Meine Wörter

Jede Einheit schließt mit einer illustrationsreichen Wortliste, die den Lernwortschatz der Einheit zusammenführt. Zu den Wörtern und Wendungen gibt es stets eine Leerzeile, auf der die S die Übersetzung in ihre Erst- oder Muttersprache eintragen können.

Grammatik im Überblick

Im Anhang finden Sie eine Übersicht über die Grammatik, die in dem Buch gelernt wird. Die gelernten grammatischen Strukturen werden mit möglichst wenig Terminologie präsentiert. Diese Seiten dienen als leicht handhabbares grammatisches Nachschlagewerk.

Kleine Pause (mit Stickern)

Nach jeder 2. Einheit wiederholen die S in der „Kleinen Pause" Themen und Lernstoff der beiden vorangegangenen Einheiten. Die „Kleinen Pausen" enthalten die Aufgaben, für die die beigelegten Sticker eingesetzt werden.

Gesamtüberblick

	„Das kannst du" – Lernstoff	Grammatik
Einführung **Los geht's**	• sich begrüßen • sich verabschieden • auf die Frage *Wie geht's* antworten	
1 **Ich und du**	• sich vorstellen • berichten, woher man kommt • sagen, was man gern macht	• die Personalpronomen *ich* + *du* • Konjugation von *heißen* und anderen regelmäßigen Verben in der 1. und 2. Pers. Sg. • W-Fragen: *wie? woher? wo? was?*
2 **Meine Freunde**	• Freund/in vorstellen • bis 12 zählen • nach dem Alter fragen und antworten • einen kleinen Lesetext verstehen	• *mein/meine* • die Personalpronomen *er, sie* • Konjugation von *sein* (1.–3. Pers. Sg.) • Konjugation regelmäßiger Verben • der Konnektor *und*
Kleine Pause Wiederholung mit Spiel + Film: **Würfelspiel:** *Du bist dran. Ich bin dran.* – **Kleine Pause mit Kater Leo: Clip 1**		
3 **Meine Schulsachen**	• Schulsachen hören, zeigen und nachsprechen • Ratespiel *Was fehlt?* • Zahlen wiederholen	• der bestimmte Artikel *der, die, das* • 3. Pers. Plural von *sein* • Plural von Nomen *(die)*
4 **Meine Schule**	• sagen, was man mag / nicht mag • über Schulfächer sprechen • seine Meinung über Schulfächer sagen	• das Personalpronomen *wir* • *mögen (ich, du, er/sie, wir)* • unbestimmter Artikel: *ein, eine* • Verneinung mit *kein/keine*
Kleine Pause Wiederholung mit Spiel + Film: **Würfelspiel:** *Fragen und Antworten.* – **Kleine Pause mit Kater Leo: Clip 2**		
5 **Meine Woche**	• über Wochentage / einen Wochenplan sprechen • sich über Aktivitäten in der Woche austauschen • sich verabreden	• *am* + Wochentag • Konjugation regelmäßiger und unregelmäßiger Verben, 3. Pers. Sg. • Ja-/Nein-Frage
6 **Das esse ich gern**	• sich austauschen, welche Süßigkeiten man mag • über das Frühstück, Lieblingsessen und über Getränke sprechen • Abstufungen verstehen und ausdrücken: *sehr gern, gern, nicht gern*	• das Personalpronomen *ihr*
Kleine Pause Wiederholung mit Spiel + Film: **Würfelspiel:** *Was macht ihr am …?* – **Kleine Pause mit Kater Leo: Clip 3**		
7 **Meine Familie**	• Familienmitglieder vorstellen • über die Familie sprechen, die Familie beschreiben • Zahlen 13 bis 20	• der Possessivartikel *mein/e, dein/e* • 1. Pers. Sg. von *haben* + *ein/e/en* sowie *kein/e/n* • Akkusativ
8 **Mein Lieblingstier**	• Texte verstehen • Haustiere beschreiben • sein Lieblingstier beschreiben	• Tierbezeichnungen im Singular und Plural • Nominativ und Akkusativ • 2. Pers. Sg. von *haben* + *ein/e/en* sowie *kein/e/n* • das Personalpronomen *es*
Kleine Pause Wiederholung mit Spiel + Film: **Bingo-Spiel:** *Die Tiere* – **Kleine Pause mit Kater Leo: Clip 4**		

Gesamtüberblick

Wortschatz/Redemittel	Phonetik	Besondere Unterrichtselemente
Kennenlernsituationen, seinen Namen sagen und fragen: *Ich bin … Wie geht's?* Grußformeln zu verschiedenen Tageszeiten: *Hallo, Guten Morgen, Guten Tag, Guten Abend, Auf Wiedersehen, Tschüs*		• Kettenübung • Song „Hallo" • Reim
Begrüßung, Vorstellen im Klassenraum Lehrer – neuer Schüler: *Ich heiße … / Wie heißt du?* Freizeitaktivitäten: *Hockey, Fußball, (Tisch-)Tennis, Basketball – Ich tanze/male/schwimme/singe/gern.* Umgangssprache: *cool, echt*	Betonte Silben	• Dialoge • Karussell • Song „Was machst du gern?" • Miniprojekt: Blumenplakat erstellen • Comic
Freunde vorstellen: *Das ist mein Freund / meine Freundin. Er/Sie ist lustig/schlau/sportlich/witzig/süß, lieb ist lustig/schlau/sportlich/witzig, süß, lieb* Neue Hobbys: *Karate/Judo/Sport machen, Gitarre/Tennis/Karten/Computerspiele spielen, telefonieren* Nach dem Alter fragen	Satzmelodie	• Zahlen-Reim • Bewegungsspiel
Leo und der Ball		
Schulsachen in Verbindung mit *sein*: *Hier sind … Füller, Kulis, Scheren …* – Das Alphabet mit den Umlauten und ß, Namen und Wörter buchstabieren – Die Adjektive *leicht, schwer (schwierig)*	Betonte Pausen	• Song „Abc-Party" • Projekt: eine Abc-Wimpelkette basteln • Comic
Schulfächer: *Musik, Deutsch, Mathematik/Mathe, Kunst, Sachkunde, Englisch, die Pause* – Die Schule vorstellen: *Wir haben Mathe. Das ist meine Schule / meine Klasse / meine Lehrerin.* – Lieblingsfächer vorstellen / danach fragen: *Ich mag … / Magst du …?* – Die Adjektive *toll, langweilig, blöd* – Fragen mit *ein/e*? Antworten mit *kein/e*	Wortakzent bei Schulfächern, Endmelodie bei Fragen/Antworten	• Bildgeschichte • Kleine Foto-Story • Miniprojekt: Plakat zur eigenen Schule • Comic
Leo und die Schule		
Wochentage: *Was machst du am …?* – Einführung weiterer Hobbys: *Klavier spielen, Filme sehen, Musik hören, Rad fahren, Freunde treffen, ins Kino gehen, Comics lesen – Hausaufgaben machen* – Termine ausmachen: *Spielen wir heute/morgen Basketball/Klavier?*	Betonte Silben bei den Wochentagen	• Song „Am Wochenende" • Miniprojekt: Collage zu Aktivitäten am Wochenende • Comic • Portfolio: *Mein Wochenende*
Frühstück: Essen (*Brot, Müsli, Honig, Käse, Marmelade*) und Getränke (*Kakao, Wasser, Milch, Tee, Saft*) – Fragen mit *Magst du …?* – Fragen und Antworten zum Frühstücken: *Was isst/trinkst du gern?, Was esst/trinkt ihr gern?*	Lange Vokale in betonten Silben	• Interview • Avenida-Gedicht • Miniprojekt: Bildwörterbuch zum Thema Essen und Trinken • Comic
Leo und Ella essen Frühstück		
Eigene Familienmitglieder erfragen und benennen: *meine/deine Schwester/Mama/Tante, mein/dein Bruder/Papa/Onkel/Opa?* – Zahlen 13–20	Wortakzent bei den Bezeichnungen der Familienmitglieder	• Song „Zahlen-Rap" • Miniprojekt: Fantasiefamilie • Zahlendiktat 1–20
Tiere auf dem Bauernhof: *Pferd, Kuh, Hahn, Esel, Schwein, Pferd, Schaf* – Haustiere: *Kaninchen, Goldfisch* – Die Umgebung: *Haus, Garten, Park, spazieren gehen* – Neue Adjektive: *schnell, langsam, klein, laut, leise, stark, schwach, dumm*	Schwa-Laut, Kontrastakzentuierung	• Elfchen schreiben • Miniprojekt: Beschreibung des Lieblingstieres • Comic
Leo, Ella und die Familie		

Los geht's!

Das Vormodul auf den ersten vier Seiten soll Ihnen und Ihren S den Einstieg in das Schülerbuch erleichtern: Hier kommen die S spielerisch mit der deutschen Sprache in Kontakt und beherrschen in kurzer Zeit kleinere Dialoge, die Spaß machen und zu ersten Erfolgserlebnissen führen.

Auf dem Panoramabild sind ein Spielplatz und die Protagonisten des Buchs, Mia, Emil und die Zwillinge Lotte und Lukas zu sehen. Sie, und ab Einheit 2 auch Tom und sein Hund Socke, begleiten Ihre S durch das ganze Buch hindurch.

Bevor Sie mit den Aufgaben beginnen, können Ihre S den Drachenspielpatz in Berlin-Friedrichhain betrachten und ihn in ihrer Erstsprache mit Spielplätzen ihres Landes vergleichen. Deutsche Kinder verbringen dort gerne ihre Freizeit. Sie können Ihren S auch weitere Bilder von Spielplätzen in Deutschland zeigen. (Geben Sie dazu die Begriffe „Spielplätze Deutschland Fotos" in eine Suchmaschine ein.)

TIPP

1 Wer bist du?

a Was seht ihr? Beschreibt das Foto in eurer Sprache.

Arbeiten Sie heraus, was die abgebildeten Kinder sagen.

Lösung (mögliche Antwort):
Spielplatz, Kinder, Schaukel, Rutsche, Klettergerüst, Bäume, Häuser

b, c

Lassen Sie Ihren S Zeit. Lassen Sie sie die Vorstellung der Kinder mehrere Male hören, die gehörten Sätze leise für sich und dann alle zusammen in der Klasse sprechen.

Lösung (mögliche Antwort): Lukas, Lotte, Emil, Mia

d Fragt und antwortet in der Klasse. **TIPP**

Zusätzlich zu der abgebildeten Kettenübung können die S durch die Klasse laufen und sich gegenseitig fragen bzw. antworten oder Sie verwenden die Karussellübung im SB, Einheit 4, Aufgabe 6. Weitere Vorschläge finden Sie im SB, Einheit 2, Aufgabe 4 sowie in Einheit 4, Aufgabe 4.

2 Wo wohnst du?

a, b

Der erste Dialog von Aufgabe 1d wird mit der Frage nach dem Wohnort erweitert. In 2a wird er anhand des Gesprächs von Emil und Lukas eingeführt, in 2b auf den eigenen Wohnort übertragen.

Lösung b (mögliche Antwort):
Ben: Ich bin Ben. Wer bist du?
Paul: Ich bin Paul.
Ben: Wo wohnst du?
Paul: Ich wohne in Berlin. Und wo wohnst du?
Ben: Ich auch.

	TIPP	Gehen Sie auf das stimmlose h in dem Wort *wohnen* ein und erklären Sie, dass der Vokal davor dadurch lang gesprochen, aber nicht als eigener Buchstabe gesprochen/gelesen wird.
	TIPP	Sie können Ihre S auf der Innenseite der Vorderklappe des SB die Stadt Berlin suchen lassen. Erklären Sie, dass sie die Hauptstadt Deutschlands und das Brandenburger Tor ihr bekanntestes Wahrzeichen ist. Lassen Sie die S raten, was auf der Karte daneben eingezeichnet ist (Fernsehturm). Sie können auch auf die vielen interessanten Dinge in Berlin eingehen, z. B. auf das Sea-Life-Aquarium mit Aqua Dom oder auf das Science Center Spectrum im Technikmuseum.
3	Hört das Lied. Singt mit.	Lieder und Reime eignen sich ausgezeichnet, um die richtige Aussprache von Wörtern und Strukturen als „chunks" zu lernen. Dabei wird die Freude am Singen oder Reimen für den Lernprozess genutzt.
4	Hallo, wie geht's?	Zunächst hören die S das Lied einmal ganz. Beim zweiten Mal stehen sie auf und bewegen sich im Klassenraum während sie mitsingen.
a	Was seht ihr? Sammelt in eurer Sprache.	Hier sehen Ihre S Emil, Mia, Lukas und Lotte in einem kleinen Gespräch. Sammeln Sie mit Ihren S in ihrer Erstsprache, welche Gegenstände und Aktivitäten zu den Kindern gehören und was ihre Gesichter ausdrücken. Lotte ist z. B. traurig, weil ihr Fahrrad einen Platten hat. Lukas schaut auf sein Handy, ohne dass man erkennen kann, ob er traurig oder fröhlich ist. Mia sieht man an, dass sie beim Klettern viel Spaß hat. Nach diesen Betrachtungen können Sie die Frage stellen, was Emil wohl fragt und dabei drei unterschiedliche Antworten erhält.
		Lösung: Lotte, Lukas, Mia, Fahrrad, Handy, Kletterwand
b	Hört zu und lest mit.	Die Aufgabe zum Hörverstehen bereitet 4c vor. Die S hören den Text, lesen mit und sprechen nach. Sie können – ggf. mit Ihrer Unterstützung – erraten, was Lotte, Lukas und Mia geantwortet haben.
c	Hört noch einmal. Wie geht es Mia, Lotte und Lukas? Kreuzt an.	Besprechen Sie mit ihren S zunächst, wie die Übung zu lösen ist bzw. was die Smileys bedeuten: ☺☺ *super, prima,* ☺ *gut,* ☹ *schlecht.* Anschließend hören die S den Text und kreuzen an.
		Lösung: Mia: ☺☺; Lotte: ☹; Lukas: ☺
		Gehen Sie darauf ein, dass *prima, super, klasse* und *gut* (fast) gleichwertige Möglichkeiten ausdrücken, dass es jemandem gut geht.
d	Hört zu und lest mit. Sprecht danach mit.	Diese Aufgabe zielt wieder auf die Fertigkeiten Hören, Lesen und Sprechen ab.
e	Fragt und antwortet selbst. Spielt in kleinen Gruppen.	Teilen Sie eine große Klasse in kleinere Gruppen auf. Auf die Frage des/der Werfenden *Wie geht's?* antwortet der/die den Ball fängt: *Super! Prima! Klasse! Gut!*

Los geht's!

TIPP Hier wird das Wort *danke* eingeführt. Sie können es an dieser Stelle um *bitte* ergänzen. Sie können dazu die Handpuppen im SB auf den Seiten 77 und 79 verwenden oder es als Rollenspiel spielen lassen.
Beispiel:
A gibt B ein Stück Schokolade.
B antwortet: *Danke!* A reagiert mit *Bitte!*

5 Guten Morgen!

Gehen Sie zur Vorentlastung von 5a durch die Klasse und begrüßen Sie die S mit einer passenden Begrüßungsformel. Lassen Sie sie anschließend durch die Klasse laufen und sich gegenseitig begrüßen, auch die bereits bekannten Dialoge dürfen verwendet werden *(Wer bist du?, Wo wohnst du?, Wie geht's?)*.

a Was seht ihr? Sammelt in eurer Sprache.

Erläutern Sie beim Betrachten der Fotos auch den Zusammenhang der Begrüßungsformeln mit den verschiedenen Tageszeiten. Vergleichen Sie sie mit denen in der Muttersprache. Bei einem Kurs mit leistungsstarken S können Sie auch noch *Gute Nacht!* einführen.

> **Lösung** (mögliche Antworten):
> Kinderzimmer, Papa, Bett, Mädchen, Klassenzimmer, Lehrerin, Kinder, Mama, Tochter

b–d Weisen Sie die S auf die Hintergrundgeräusche hin und erklären Sie sie (Wecker, Schulglocke, Türklingel) im Kontext dieser Aufgabe.

> **Lösung c:**
> Guten Morgen! – *Guten Morgen!*
> Guten Tag! – *Guten Tag!*
> Guten Abend! – *Guten Abend!*

> **Lösung d:**
> Wecker – *Guten Morgen!;* Schulglocke – *Guten Tag!;* Türklingel – *Guten Abend!*

6 Guten Tag und auf Wiedersehen!

Gehen Sie, bevor Sie sich der Aufgabe 6a zuwenden, wieder durch die Klasse und begrüßen Sie Ihre S. Wenden Sie sich ab und verabschieden Sie sich mit allen Begrüßungsformeln. Sammeln Sie sie dann gemeinsam mit den S an der Tafel.

a Hört die Dialoge. Lest mit.

Die S hören den Text und lesen mit. Die S hören den Text ein zweites Mal in Abschnitten und sprechen nach. Zum Abschluss dieser Einführung werden als Verabschiedungswörter *Auf Wiedersehen* und das weniger formelle *Tschüs* eingeführt.

b Spielt die Dialoge zu zweit nach.

Bitten Sie Ihre S, durch die Klasse zu laufen und sich zu begrüßen und zu verabschieden. Verwenden Sie z. B. auch eine Kettenübung (s. SB, Los geht's, Aufgabe 1d). Achten Sie darauf, das Gelernte so oft wie möglich in die nachfolgenden Unterrichtseinheiten einzubauen.

Ich und du

„Das kann ich":	In Einheit 1 wird eine Klasse mit L und S vor und im Unterricht vorgestellt. In den Kurzdialogen begrüßen sich Kinder und Lehrer, stellen sich vor und verabschieden sich und befragen sich gegenseitig zu ihrer Herkunft. Die S lernen erste Hobbys kennen, können nach ihnen fragen bzw. antworten und dabei ausdrücken, was sie gern oder nicht gern machen. Sie können das neu Gelernte in einem Lied umsetzen und in dem Miniprojekt, bei dem ein Blumenplakat erstellt wird, ihren Namen und kleine Sätze schreiben.
Wortschatz:	Die Verben *heißen, kommen, machen, spielen* Bezeichnungen für Sportarten, Begrüßungs- und Verabschiedungsformeln Freizeitbeschäftigungen und Hobbys in Verbindung mit *gern*
Grammatik:	Die Personalpronomen *ich* und *du* Die Konjugation in der 1. und 2. Person Singular: *heißen, wohnen, kommen, schwimmen, machen, singen, tanzen, malen* und in der 1. Person Singular: *spielen,* die 1. und 2. Person Singular von *sein* W-Fragen mit *wie?, woher?, wo?, was?*
Phonetik:	Unbetonte und betonte Silben

Sprechen Sie am Anfang der Stunde mit den S in ihrer eigenen Sprache darüber, wie der Schulhof in ihrer Schule aussieht, was es dort alles gibt und was sie dort vor der ersten Stunde machen.

 Auf dem Schulhof

Lassen Sie Ihre S zunächst die Bilder betrachten. Die Dialoge spielen am Morgen vor der ersten Stunde auf dem Schulhof. Lassen Sie Ihre S den abgebildeten Schulhof mit ihrem eigenen vergleichen.

a Schaut das Bild an.
Wo ist das? Was passiert?
Sammelt in eurer Sprache.

Lösung a (mögliche Antworten):
Schulhof, Schule, Kinder, Lehrer, Lehrerin, Klettergerüst, Rutsche, Basketballkorb, Bäume, Fahrräder

b Hört zu und zeigt auf die Personen. Wer spricht?

Die gehörten Dialoge entsprechen der Reihenfolge der Bilder.

Lösung:
Lukas, Mia, Herr Müller, Frau Becker, Lotte, Emil

c Hört noch einmal und lest leise mit.

Die S hören die Dialoge erneut und lesen sie gleichzeitig leise mit. Achten Sie darauf, dass alle S mitlesen. Wenn nötig, legen Sie nach jedem Dialog eine kurze Pause ein, damit die S ihn noch einmal leise wiederholen können.

d Lest die Dialoge zu zweit.

Lassen Sie die S die Dialoge zu zweit nachspielen. Wählen Sie dazu S aus, die die Dialoge vor der Klasse sprechen.

1 | Ich und du

2 **Herzlich willkommen!**

a Hört zu und lest leise mit.

Die S lesen und hören den Dialog. Lassen Sie ihn nach dem Hören im Chor nachsprechen. Dadurch werden alle S einbezogen und eventuelle Sprechhemmungen abgebaut.

b Spielt den Dialog im Rollenspiel nach.

Die S lesen den Dialog und hören zu. Klären Sie anschließend Verständnisfragen.

TIPP Sie können Ihre S den Dialog auch mit Emil üben lassen, indem sie das Gespräch in die richtige Reihenfolge bringen:

Guten Morgen. Ich bin Emil. (2)
Herzlich willkommen, Emil! (3)
Guten Morgen! Ich bin Herr Müller. Wer bist du? (1)

3 **Guten Morgen! Wie geht's?**

a Hört zu. Welche Silbe klingt besonders laut?

Zunächst schließen Ihre S das SB und konzentrieren sich mit Hilfe der Frage *Welche Silbe klingt besonders laut?* auf die betonten Silben.

Lösung a: Betonte Silben klingen besonders laut.

b Hört noch einmal und lest leise mit.

Bei dieser Übung sollen die S durch die Visualisierung der Betonungen erkennen, dass betonte Silben im Deutschen besonders laut oder zumindest lauter als unbetonte Silben ausgesprochen werden.

c Sprecht zusammen: Wer kann die betonte Silbe am lautesten sprechen?

Animieren Sie Ihre S spielerisch zu übertreiben und betonte Silben besonders laut zu realisieren, bevor sie die kleinen Sätze mit deutlichem Silbenkontrast betont – unbetont sprechen.

> **Deutsch: eine akzentzählende Sprache**
> Die Schwierigkeit in der Realisierung betonter Silben im Deutschen kann je nach Ausgangssprache variieren. S mit Arabisch, Chinesisch, Französisch, Italienisch und Spanisch als Erstsprache neigen z. B. dazu, betonte Silben hinsichtlich der Lautstärke von unbetonten Silben nicht zu unterscheiden. Wichtig ist es daher, die Aussprache betonter Silben zu üben, denn durch die Lautstärke bzw. die Hervorhebung einer Silbe wird die dem Sinn nach wichtigste Information einer Aussage oder Frage vermittelt, was entscheidend für die Kommunikation ist.

4 **Wie heißt du?**

Schreiben Sie folgende Sätze an die Tafel:
Ich heiße …   Ich wohne in …
Geben Sie ein Beispiel mit Ihrem Namen und Ihrer Stadt. Fordern Sie einige S auf, sich ebenfalls vorzustellen.

a Schaut die Fotos an. Wie viele Mädchen und Jungen seht ihr?

Die S betrachten die Fotos und antworten in ihrer Muttersprache.

Lösung: 5

b Hört den Kindern zu und ordnet die Fotos den Texten zu.

Die S ordnen die Fotos den Texten zu. Als Alternative können die S den Text abdecken, den Text hören und auf das passende Foto zeigen.

> **Lösung:**
> Foto A: ● Ich bin Maria. Und wie heißt du? ■ Ich heiße Ali.
> Foto B: ● Hallo, ich bin Luisa.
> Foto C: ● Ich heiße Ben. Und wie heißt du? ■ Ich heiße Moritz.
>   ● Woher kommst du? ■ Ich komme aus Köln.

c, d

In Aufgabe c werden die Dialoge für das freie Sprechen mit eigenem Namen vorbereitet. Bilden Sie für das Karussellspiel zwei oder drei Gruppen, wenn Sie eine große Klasse haben.

Die S stellen sich paarweise in einem Innen- und Außenkreis mit dem Gesicht zueinander auf und stellen sich gegenseitig vor. Geben Sie ein Zeichen, wenn die erste Runde zu Ende ist. Nun soll der Außenkreis einen Schritt nach links machen. So entstehen bei der Rotation neue Paare, die sich wieder einander vorstellen. Das Spiel endet, wenn alle S ihren Partner / ihre Partnerin gewechselt haben.

> **i Karussellspiel**
> Das Karussellspiel intensiviert den Kontakt zwischen den S. Der ständige Wechsel aktiviert sie alle gleichzeitig und durch die mehrmalige Wiederholung der gleichen Strukturen prägen sich die Fragen und Antworten leichter ein.

e Hört zu. Spielt dann eine Runde Karussell mit euren Städten.

Die S spielen noch eine Runde Karussell mit dem Namen der Städte, in denen sie wohnen.

5 Wohnst du jetzt hier?

a Hört zu und lest mit. Spielt den Dialog mit den Handpuppen (S. 77/79) nach.

Die S hören noch einmal die Dialoge. Dann schneiden sie die Handpuppen aus und befestigen sie an Stiften oder Strohhalmen. Anschließend spielen sie die Dialoge mit den Handpuppen zu zweit nach. Sammeln Sie die Figuren jedes Mal nach dem Rollenspiel ein, damit sie nicht verloren gehen. Die S können auch ihren Namen auf die Rückseite schreiben.

6 Hobbys: Was machst du gern?

Bringen Sie Fotos von Hobbys in den Unterricht mit, die im SB genannt werden, und zeigen Sie sie Ihren S. Sagen Sie z. B. *Ich singe gern*. Zeichnen Sie ein Smiley ☺ an die Tafel und hängen Sie das Bild unter das Smiley. Sagen Sie dann z. B. *Ich spiele nicht gern Fußball*. Zeichnen Sie ein trauriges Smiley ☹ dazu und hängen Sie das Bild unter die Zeichnung.

a Schaut die Fotos an und hört die Geräusche dazu.

Die S hören die Geräusche während sie die Fotos betrachten.

> **Lösung:**
> A Hockey, B Basketball, C Singen, D Fußball, E Schwimmen, F Tischtennis

b Hört zu und ordnet die Fotos den Sätzen zu.

Zusätzlich zu der Aufgabe im SB können Sie die Fotos vergrößern und mehrere Exemplare davon an die S verteilen. Wenn sie dann „ihren" Satz hören, heben sie ihr Foto hoch. Im Anschluss können einige S mit den kopierten Fotos an die Tafel kommen, einen Satz bilden und ihre Fotos an die entsprechende Stelle kleben (☺ oder ☹).

> **Lösung:**
> C Ich singe gern. – E Ich schwimme gern. – D Ich spiele gern Fußball. – A Ich spiele gern Hockey. – B Ich spiele gern Basketball. – F Ich spiele gern Tischtennis.

1 | Ich und du

c, d — Die S lesen die Dialoge und variieren dabei die Hobbys. Die Übung ist ein Transfer hin zu den eigenen Hobbys. Nach Bedarf können hierzu noch weitere Hobbys im Klassenraum gesammelt werden. Schreiben Sie sie an die Tafel.

Um den eingeführten Wortschatz zu aktivieren und zu sichern und um das freie Sprechen auf spielerische Weise zu fördern, kann mit Kopiervorlage KV2 ein Würfel gebastelt werden, der noch einmal die individuellen Hobbys der S fokussiert.

e Spielt Pantomime. Stellt Hobbys dar. Die anderen raten. — Mit der Pantomime, einem bei Kindern sehr beliebten Spiel, wird das Wortfeld *Hobby* gesichert. Eine größere Klasse können Sie ggf. in kleinere Gruppen einteilen.

> **Wörter mit Karteikarten lernen**
> Vokabeln prägen sich besonders gut ein, wenn man mit Karteikarten lernt – ein Wort pro Karteikarte und am besten mit drei Farben gekennzeichnet: rot für feminine, blau für maskuline Nomen, grün für Nomen im Neutrum. Auf der Rückseite befindet sich eine muttersprachliche Erklärung oder ein Bild. Karteikarten ermöglichen ein Lernen „zwischendurch", da man sie überallhin mitnehmen kann.

7 Was machst du gern?

Bereiten Sie die S auf das Lied vor. Sprechen Sie den Satz *Ich schwimme gern.* und machen Sie dazu eine passende Bewegung. Sagen Sie dann: *Ich spiele gern Fußball.* und lassen Sie Ihre S eine entsprechende Bewegung dazu machen. Fahren Sie gleichermaßen fort:
Ich tanze gern. Ich spiele gern Basketball. usw.

Hört das Lied. Singt mit. Welche Bewegungen passen zum Lied? Macht mit! — Die S hören das Lied zunächst nur. Beim zweiten Mal bewegen sich dazu.

> **i** Lieder motivieren junge S sehr und ermöglichen ihnen einen leichten Zugang zur deutschen Sprache in Alltagssituationen. Die Lieder im SB greifen den gelernten Wortschatz auf und üben einfache grammatische Strukturen ein.

Miniprojekt

Die S arbeiten zu viert. Lassen Sie Ihre S aussuchen, mit wem sie arbeiten möchten.

Die S schreiben in die Blüten, was sie gern oder nicht gern machen. Danach hängen die Gruppen ihre Plakate auf, gehen herum und lesen die der anderen. Achten Sie darauf, dass jedes Gruppenmitglied etwas sagt.

> **Sozialform: Projektarbeit**
> Mit Projektarbeit im Unterricht wird nicht nur das selbstständige Lösen einer Aufgabe unterstützt, Projektarbeit fördert auch soziales und kooperatives Lernen.

Comic

Lest und spielt den Comic mit den Handpuppen nach. Die S lesen den Comic und spielen ihn anschließend mit den Handpuppen nach. Leistungsstärkere S können die Hobbys variieren.

Meine Freunde

„Das kann ich":	In dieser Einheit erhalten die S Redemittel für Situationen des Kennenlernens, sodass sie einfache Fragen und Antworten zum Vornamen, zu Hobbys, Freizeitbeschäftigungen und Alter stellen bzw. geben können. Außer zur Altersangabe können die S die Zahlen 0 bis 12 auch bei einfachen Plus- und Minusaufgaben anwenden. Sie können Fotos kleinen Lesetexten zuordnen und lernen Wortschatz und Strukturen, um sich selbst in einer ähnlichen Situation vorzustellen. Bei dem Miniprojekt gestalten sie ein Plakat zu ihren liebsten Hobbys.
Wortschatz:	Freunde vorstellen und beschreiben Die Zahlen 0 bis 12
Grammatik:	Die 3. Person Singular von *heißen*, *telefonieren* und *sein* Der Konnektor *und*, die Frage *wer?* Die Personalpronomen *er* und *sie* Die Possessivpronomen *mein*, *meine* und *dein*, *deine*
Phonetik:	Betonte Silben laut und melodisch hoch sprechen

Lassen Sie die S, bevor Sie zu Aufgabe 1 gehen, das Panoramafoto mit dem Wald betrachten und in ihrer Erstsprache darüber sprechen, was sie sehen, und mit Spielmöglichkeiten im Freien in ihrem Heimatland vergleichen. Gehen Sie auf die herbstliche Jahreszeit ein, die das baldige Ende des Herumtollens im Freien bedeutet. Damit finden Sie auch den Übergang zu den Hobbys der Aufgaben 5 und 6.

 **Meine Freundin, mein Freund**

a, b

Lassen Sie Ihre S Vermutungen anstellen, worüber die Protagonisten wohl sprechen. Die S hören die Dialoge und zeigen auf den jeweiligen Sprecher / die jeweilige Sprecherin. Mit Gruppenarbeit können sich die S gegenseitig unterstützen. Die Possessivpronomen *mein* und *dein* werden zu Nomen in mit allen drei Genera eingeführt.

> **Lösung a** (mögliche Antworten):
> Park, Wald, Kinder, Brücke, Weg, Bäume, Blätter, Fluss
> **Lösung b:** Mia, Lukas, Lotte – Mia, Emil, Tom, Mia und Emil

c Wer ist Lottes Freundin?
Wer ist Mias Freund?

Waren die Hypothesen von 1a richtig? Die S beraten sich in Gruppen und beantworten anschließend in der Klasse die Fragen.

> **Lösung:** Lottes Freundin: Mia; Mias Freund: Emil

2 | Meine Freunde

d Hört noch einmal und lest leise mit. Lest danach mit eurem Namen.

Fordern Sie die S beim 2. Hören auf, leise mitzulesen, damit sie auch die Satzmelodie und Intonation erfassen. Beim 3. Hören können die S in Abschnitten im Chor nachsprechen und dabei Sicherheit bei der Aussprache gewinnen. Danach lesen sie mit ihrem Namen.

TIPP Die Doppellaute *eu* und *ei* können den S Schwierigkeiten bereiten. Schreiben Sie sie an die an die Tafel und üben Sie sie mit den S mehrere Male durch Vorsprechen. Anschließend lesen die S die Dialoge in Dreiergruppen, wobei sie die Rollen wechseln.

2 So sind meine Freunde

Was passt zusammen?

Die S erschließen sich mit den Linien die Bedeutung der Adjektive. Lesen Sie sie vor, die S sprechen im Chor nach. Klatschen Sie beim 2. Lesen die betonten Silben (**schlau**, **lus**tig, **wit**zig, **sport**lich). Mit Pantomime können die Adjektive vertieft werden. Ein/e S stellt eines pantomimisch vor, die anderen S raten. Die S wenden anschließend die neu gelernten Wörter an, wenn sie in Gruppen über ihre Freunde/Freundinnen sprechen: *Mein Freund ist …; Meine Freundin ist …*

Lösung:
Socke (Hund) – witzig, Lotte – lustig, Tom – schlau, Mia – sportlich

3 Die Satzmelodie

Die Sprechmelodie bei betonten Silben kann je nach Ausgangssprache variieren. S mit Arabisch, Chinesisch, Französisch, Italienisch und Spanisch u. a. als Erstsprache neigen dazu, betonte Silben nicht ausreichend von unbetonten Silben zu unterscheiden. In Übung 3a–c wird ausschließlich die melodisch hoch situierte betonte Silbe einer Aussage und der sich daraus ergebende fallende Ton eingeübt.

a Hört zu und lest mit. Die blaue Linie zeigt die Satzmelodie. Wann geht sie nach oben, wann nach unten?

TIPP Zeichnen Sie zur Vorentlastung von 3b eine nach oben und eine nach unten gehende Linie an die Tafel. Besprechen Sie mit den S Wörter aus der Muttersprache. Vereinbaren Sie mit ihnen Körperbewegungen für eine nach oben gehende Satzmelodie, z. B. Arme nach oben, aufstehen o. Ä., und für eine nach unten gehende Stimme, z. B. Arme nach unten, in die Knie gehen o. Ä. Durch Körperbewegungen kann die Wahrnehmung der Sprechmelodie gefördert werden.

Lösung:
Die blaue Linie geht bei betonten Silben nach oben und bei unbetonten Silben nach unten.

b Hört noch einmal. Zeichnet die Satzmelodie mit dem Finger in der Luft mit.

Die S hören den Text und lesen mit. Zunächst machen sie nach dem Lesen die vereinbarte Bewegung. Beim erneuten Hören zeichnen sie die Satzmelodie mit dem Finger in der Luft mit.

c Sprecht zusammen mit. Wer kann die betonte Silbe am höchsten sprechen?

Zuerst lesen die S die Sätze im Chor, dann einzeln, wobei sie die betonte Silbe am höchsten, am lautesten, am langsamsten aussprechen oder durch Klatschen, Füße stampfen o. Ä hervorheben. Bringen Sie damit einen spielerischen Charakter in die Aufgabe, aber achten Sie auf einen deutlichen Silbenkontrast.

Machen Sie bei allen nachfolgenden Übungen, z. B. Übung 5, auf den Silbenkontrast bei der Sprechmelodie und Lautstärke aufmerksam.

TIPP

Mit einem Tafelbild können Sie die Personalpronomen *er* und *sie* verdeutlichen. Malen Sie dazu einen Jungen und ein Mädchen an die Tafel und schreiben Sie dazu das passende Personalpronomen. Dann nennen Sie die Namen eines Ihrer S. Die S sagen dazu das passende Personalpronomen, z. B.
- L: *Michael*
- S: *Er*

4 Spiel: Sich vorstellen

Spielt in Gruppen. Dreht den Stift und stellt euch gegenseitig vor.

Die in Gruppen eingeteilten S stellen sich gegenseitig vor. Ein S dreht den Bleistift und fragt: *Wer ist das?* Der S links von ihm beantwortet die Frage und zeigt dabei auf den S, auf den der Bleistift zeigt: *Das ist … Er/Sie ist …*

5 Was macht das Kind?

a, b

Besprechen Sie die Fotos zuerst in der Erstsprache der S. Die S hören die Sätze und setzen sie in Beziehung zu den Fotos. Dann hören sie jeden Satz einzeln und sprechen ihn im Chor nach, wobei sie genau auf die Satzmelodie, die Betonung und das Sprechtempo achten sollen. Wiederholen Sie das Sprechen in der Gruppe, damit die Aussprache gefestigt wird. Wenn es eine/r der S möchte, kann er/sie die Sätze alleine vorlesen.

c Fragt und antwortet zu zweit.

Es empfiehlt sich, zur Vorentlastung noch einmal an der Tafel zu verdeutlichen, wann *er* und wann *sie* verwendet wird. Sie können dabei auf das Tafelbild von Übung 1d zurückgreifen. Fordern Sie Ihre S anschließend auf, sich in Partnerarbeit Fragen zu stellen und zu beantworten.

Der neue Wortschatz sollte so oft wie möglich wiederholt werden. Er kann z. B. auch pantomimisch dargestellt werden (z. B. *… macht Sport.*), der von den anderen S erraten werden muss.

Eine andere Möglichkeit ist es, ein Memoryspiel zu erstellen. Hierfür können Sie von S, die gerne malen, Bildkärtchen im DIN-A4-Format machen lassen. S, die lieber schreiben, stellen Wortkarten her. Oder die S bringen Gegenstände mit, die mit Hobbys in Verbindung gebracht werden können. Diese Gegenstände werden abgedeckt und durch Abtasten müssen sie erraten werden, z. B. *Gitarre, Smartphone.*

6 Wer ist das?

a, b

Auch eine weitere Spielvariante vertieft den Wortschatz. Fordern Sie die S auf, auf ein Kärtchen ihren Namen zu schreiben und legen sie diese Kärtchen in ein Säckchen. Jede/r S zieht ein Kärtchen und schreibt darauf, was der/die S, dessen Name / deren Name auf dem Kärtchen steht gern / nicht gern macht (*Gitarre spielen, Computerspiele* usw.) und welche Eigenschaften zu ihm/ihr gehören (*lustig, sportlich* usw.). Die S können den/die zu Beschreibende/n auch dazu befragen, falls sie nicht genau wissen, was sie schreiben sollen.

Die Kärtchen kommen wieder in das Säckchen und werden gemischt. Anschließend zieht jede/r S eins und liest vor. Die anderen versuchen anhand der Informationen zu erraten, um welche/n S es sich handelt.

2 | Meine Freunde

7 Die Zahlen von 0 bis 12

Um die Zahlen zu erlernen, brauchen Ihre S die Möglichkeit, sie zu wiederholen. Bauen Sie die Zahlen deshalb immer wieder in die folgenden Unterrichtseinheiten ein.

a, b

Die S hören den Text und lesen leise mit. Wenn nötig können die S den Text noch einmal in Abschnitten hören, bevor sie mitsprechen.

8 Zahlen und Sport

a Hört und sprecht die Zahlen von null bis zwölf mit Kraft mit.

Sprechen Sie Ihren S die Zahlen noch einmal vor und lassen Sie sie dann mitsprechen, am besten im Stehen und mit Kraft. Denn die deutsche Aussprache ist durch ihre hohe Sprechspannung gekennzeichnet, z. B. in den Plosivlauten *p, t* und *k*. Auch hier kann das Mitsprechen mit Bewegungen wie in Übung 3a begleitet werden.

Manchmal bereiten Konsonantenhäufungen in einer Silbe Schwierigkeiten. Dann neigen Sprecher/innen dazu, komplexe Silbenstrukturen zu vereinfachen, wie z. B. bei *zw* in *zwei,* was oft als [svai̯] statt [tsvai̯] gesprochen wird.

Mit den „Liegestützen" an der Wand können die S die Zahlen mit einer angemessenen Sprechspannung üben bzw. sich aneignen.

b Sprecht nun die Zahlen mit Tempo: Wer liest am schnellsten?

TIPP Geben Sie den S die Möglichkeit, zusammen zu üben, bis Sie ihre Lesezeit mit einer Stoppuhr stoppen. Erstellen Sie einen Übungsplan und stoppen Sie in dieser und in den kommenden Unterrichtseinheiten die Zeit Ihrer S. So halten Sie die Fortschritte fest und können sie den S bewusst machen.

Beim Atomspiel bewegen sich die S frei in der Klasse. Sie sagen eine Zahl, z. B. 5, und die S bilden Fünfergruppen. Bei Platzmangel können sie an ihrem Platz Buntstifte in der gesagten Zahl hochhalten.

c Wie viel ist …? Stellt euch gegenseitig Rechenaufgaben.

TIPP Klären Sie an der Tafel die Zeichen „plus, minus, ist gleich" und üben Sie mit den S an der Tafel Rechenaufgaben. Oder Sie schreiben auf Fotokarton Aufgaben und schweißen sie ein oder kleben sie auf dünne Pappe. So haben Sie immer eine Lockerungsübung zur Hand. Dann stellen sich die S in Partner- oder Gruppenarbeit Aufgaben und lösen sie.

9 Wie alt bist du?

a Hört zu und lest leise mit

Sie können mit dieser Aufgabe noch einmal das Sprechen nach einer HV üben. Machen Sie die S wieder darauf aufmerksam, auf Intonation und Sprechmelodie zu achten, und sie so gut wie möglich zu imitieren.

b Fragt euch in der Klasse.

Die S gehen durch die Klasse und fragen sich gegenseitig nach ihrem Alter. Erklären Sie, dass in Deutschland das vollendete Lebensjahr angegeben wird.

10 Schüler-Portraits

a Seht zuerst die Fotos an. Lest dann die Texte und ordnet die Fotos zu.

Erklären Sie zunächst, was ein Chat ist, und fragen Sie die S nach eigenen Erfahrungen mit Chats.

TIPP Besprechen Sie zuerst die Fotos. Welche Hobbys sind zu sehen? Welche Hobbys machen die abgebildeten Kinder gern? Wenn einige S beim Lesen noch unsicher sind, lesen Sie die Texte zuerst selbst vor, lassen Sie die S dann im Chor lesen und anschließend jede/r für sich.

≠ Die Aufgabe, die Bilder zuzuordnen, können die S je nach Leistungsniveau in Einzel- oder Partnerarbeit machen.

> **Lösung:**
> Foto A: Hallo! Ich bin Hannes. Ich spiele gern Tennis und ich spiele sehr gut. Ich bin 11 Jahre alt.
> Foto B: Hey, ich heiße Imka. Ich bin 9 Jahre alt. Ich liebe Ballett und tanze sehr gern.
> Foto C: Hallo, ich heiße Lena. Ich bin 10 Jahre alt. Mein Hobby ist der Computer. Ich spiele gern Computerspiele.
> Foto D: Hi! Ich bin Mario. Ich bin 10. Basketball ist super. Ich spiele gern Basketball.

b Wählt ein Kind aus und beschreibt es. Arbeitet zu zweit.

≠ Die S schreiben in Partnerarbeit den Text in die 3. Person Singular um. Sie können die Aufgabe bei entsprechendem Leistungsniveau der Klasse oder einzelner S auch in Einzelarbeit machen lassen.

🎲 Erweitern Sie die Aufgabe, indem Sie ein Ratespiel machen: Der umgeschriebene Text wird ohne Namen vorgelesen und die S sagen den Namen der/des beschriebenen S.

Miniprojekt

Bei diesem kleinen Projekt werden die S in Kleingruppen aktiv und malen ihre Hobbys und schreiben dazu einfache Sätze. Jedes Gruppenmitglied soll hier mit seinem Hobby zu finden sein. Am Ende gibt sich jede Gruppe einen fantasievollen Gruppennamen, der auch auf dem Plakat vermerkt wird.

Comic

Lest und spielt den Comic mit den Handpuppen nach.

Die S betrachten die vier Bilder und überlegen, warum der Hund Socke einmal „richtig" und einmal „falsch" bellt. Dann werden in Partnerarbeit eigene Dialoge mit der Rolle Schüler/in, der/die eine Rechenaufgabe stellt, und der Rolle „Hund", der „richtig" oder „falsch" bellt, gespielt.

Verwenden Sie die Figuren im SB auf den Seiten 77 und 79, die die S auf dünne Pappe kleben, oder lassen Sie die S einfach selbst die Rollen übernehmen. Nach ca. 5 Minuten wird gewechselt (s. auch SB, Einheit 1, Aufgabe 5).

P1 | KLEINE PAUSE

Würfelspiel

Dieses Spiel nimmt den Lernstoff des Vormoduls „Los geht's!" sowie der Einheiten 1 („Ich und du") und 2 („Meine Freunde") auf.

Bitten Sie Ihre S vor dieser Unterrichtsstunde, eine Spielfigur und einen Würfel (einen pro Spielgruppe) mitzubringen. Teilen Sie Ihre S in Spielgruppen von maximal vier S ein, indem Sie sie ein Kärtchen ziehen lassen, auf dem eine Zahl steht oder die farblich verschieden sind. Oder

 leistungsstärkere S bilden eine Gruppe und spielen das Spiel mehrere Male. Schwächere S können Zweier- oder Vierergruppen bilden, um sich gegenseitig zu unterstützen.

Erläutern Sie die Aktivitäten der orangefarbenen Felder und die Funktion der Leitern: Man überspringt einige Felder, wenn man auf eine Leiter kommt. Um das Ziel zu erreichen, muss zum Schluss genau die Zahl der verbleibenden Felder gewürfelt werden.

Lösung:
Hallo! ● Hallo!
Guten Morgen! ● Guten Morgen!
Wie heißt du? ● Ich heiße …
Wie geht's? ● Gut!, Super!, Schlecht!
Wer bist du? ● Ich bin …
Wo wohnst du? ● Ich wohne in …

Was machst du gern? ● Ich … gern.
Viel Spaß! ● Danke!
Woher kommst du? ● Ich komme aus …
Wie alt bist du? ● Ich bin … Jahre alt.
Guten Abend! ● Guten Abend!
Tschüs! ● Tschüs!, Bis später!

Kleine Pause mit Leo | 1

1 Wer ist Leo?

a, b

Vor dem Sehen: Sammeln Sie mit den S erste Ideen zu dem Einstiegsbild „Kater Leo im Hafen" in ihrer Erstsprache. Lenken Sie das Gespräch auf den Hafen, z. B. mit der Frage *Was seht ihr auf dem Bild außer Leo?* Damit wird die Antwort auf die Frage in Aufgabe 1b erleichtert.

Lösung b: Leo wohnt in Hamburg. = r; Leo schwimmt gern. = f

Die S suchen die Hafenstadt Hamburg, also Leos Wohnort, auf der Landkarte auf der Innenseite des vorderen Umschlags des SB.

Erklären Sie, dass Leo eine für Hamburg typische Schiffermütze trägt. Dass Katzen nicht gerne schwimmen, gehört zum Weltwissen der Kinder.

c

Nachdem die S den Film 1 „Leo und der Ball" gesehen haben, überprüfen sie ihre Annahmen zu Aufgabe 1b.

Lösung d:
Es geht hier um die persönliche Meinung, nicht um eine richtige Lösung.

2 Leo und Ella

Die Bilder sind bereits in der richtigen Reihenfolge. Es geht nur um die Zuordnung der Sätze.

KLEINE PAUSE | P1

Lösung:
A Oh, im Fluss schwimmt ein Ball.
B Hier ist das Tor.
C Ich gehe ins Tor.
D Ich bin sportlich und schlau.

3 Steckbriefe

Die S tragen in Partnerarbeit (oder in Gruppen) nicht nur zusammen, was sie verstanden haben, sondern überlegen sich auch weitere Eigenschaften, Vorlieben u. Ä. der beiden Figuren. Den S wird mit dieser Aufgabe Raum für Fantasie und Kreativität gegeben. Sie können z. B. Leos Schiffermütze oder Ellas Fußballershirt malen. Anschließend Klassenspaziergang.

Lösung (mögliche Antworten):
Leo ist sportlich und schlau. Leo wohnt in Hamburg. Leo spielt gern Fußball.
Ella ist Leos Freundin. Ella wohnt in Hamburg. Ella spielt gern Fußball.

Meine Schulsachen

„Das kann ich":	In dieser Einheit stehen zunächst die Gegenstände des Schulalltags im Vordergrund. Die Schüler und Schülerinnen lernen dazu eine Vielzahl von Wörtern, auch im Plural, und können die schulischen Gegenstände mit den in der Einheit 2 gelernten Zahlen 1 bis 12 in Verbindung bringen. Anhand der neuen Wörter können sie außerdem betonte Silben richtig oder besser aussprechen. Im zweiten Teil lernen sie das deutsche Alphabet mit den Umlauten und dem Buchstaben ß kennen und können es zum Buchstabieren einsetzen. Durch den Abc-Song und die im Miniprojekt hergestellte Abc-Kette werden sie mit dem Alphabet immer sicherer.
Wortschatz:	Schulsachen im Singular und Plural
Grammatik:	Singular und Plural des bestimmten Artikels im Singular und Plural 3. Person Plural des Verbs *sein* und *sehen*
Phonetik:	Betonte Silben

Die Einführung der Nomen ist eine wichtige Lernetappe. Es unterstützt den Lernprozess, sich die Wörter mit ihren Artikeln einzuprägen, wenn Sie sie immer wieder in den Unterricht einbauen.

 **Der Füller, die Tasche, das Buch**

Betrachten Sie mit den S zuerst das Panoramafoto und fragen Sie sie in ihrer Erstsprache, was sie sehen, was sie selbst dabei haben usw. Führen Sie dann an der Tafel die deutschen Wörter mit den drei Artikeln ein.

a Schaut das Foto an. Was seht ihr? …

> **i** Der Rucksack hat in den verschiedenen Regionen Deutschlands unterschiedliche Bezeichnungen, z. B. (der) Ranzen, (der) Tornister (Norddeutschland) oder auch (der) 4you und (der) Eastpack, bei denen der Markenname die eigentliche Bezeichnung ersetzt.

> **Lösung** (mögliche Antworten):
> Schulsachen, Kinder, Kuli, Radiergummi, Rucksack, Spitzer, Buntstift, Bleistift, Tasche, Federtasche, Schere, Lineal, Heft, Buch

b Hört zu und zeigt die Schulsachen auf den Fotos.

Die S hören den Hörtext und zeigen auf den genannten Gegenstand. So trainieren sie die Verbindung zwischen dem Wortklang und Schriftbild.

c Hört noch einmal. Sprecht die Gegenstände mit Artikel nach.

Zum Üben der richtigen Aussprache hören die S den Hörtext noch einmal und sprechen ihn im Chor nach. Durch das Hören und Sprechen lernen sie die Einheit von Artikel und Nomen kennen. Je nach Niveau

≠ Ihrer S können sie den Hörtext ein weiteres Mal hören. Lassen Sie sie die gehörten Gegenstände in die Höhe halten und das Wort dazu noch einmal mit dem bestimmten Artikel wiederholen.

2 Schulsachen und laute Silben

a Hört zu und lest leise mit. Welche Silbe klingt laut?

Die Übung 2a–c thematisiert nicht nur die richtige Aussprache betonter Silben wie in Einheit 1 und 2. Diese Übung legt den Schwerpunkt auf den Wortakzent in Verbindung mit dem entsprechenden Artikel. Zunächst wird für diesen Zusammenhang auditiv sensibilisiert. Durch die Frage: *Welche Silbe ist lauter?* achten die S darauf, dass nur eine Silbe im Wort hervorgehoben wird und dass die anderen Silben unbetont bleiben.

Lösung: Die betonte Silbe ist lauter.

b Hört noch einmal und sprecht mit. Sprecht die betonte Silbe laut.

Die S werden selbst aktiv, indem sie die Wörter mit dem dazu passenden Artikel vorlesen und die betonte Silbe laut aussprechen. Sie können die Hervorhebung der betonten Silben mit einer Körperbewegung, wie z. B. Klatschen mit Kraft, Stampfen oder Aufstehen, unterstützen. Oft haben Ihre S noch weitere Ideen, wie sie die betonten Silben unterstreichen können.

c Schaut noch einmal auf die Schreibtische. Fragt und antwortet zu zweit.

Diese Übung findet in Partnerarbeit statt. Auch hier ist es Ziel, dass die S Artikel und Nomen als zusammengehörig verstehen. Die Partner/innen fragen und antworten abwechselnd. Dabei arbeiten alle Paare gleichzeitig und Sie übernehmen die Rolle des „Lauschers" / der „Lauscherin" und achten auf Fehler, um sie im Anschluss an diese Aufgabe in der Klasse zu besprechen.

3 Kettenspiel

Wiederholt alle Schulsachen.

Dieses Spiel ist ein Kettenspiel, d. h., ein S beginnt und nennt einen Gegenstand, der nächste wiederholt diesen Gegenstand und fügt einen weiteren hinzu. Der nächste wiederholt dann beide und fügt wiederum einen neuen hinzu usw. Je länger das Spiel dauert, umso schwieriger wird es, vor allem für schwächere S. Sie können mit Ihren S vereinbaren, dass die Klasse bei einem Zögern oder Nichtwissen hilft. Achten Sie darauf, dass der Spaß nicht zu kurz kommt. Eine gelöste Lernumgebung unterstützt das Lernen. Konkurrenz wäre hier fehl am Platz.

🎲 Der Wortschatz muss ständig wiederholt werden, am besten abwechslungsreich und auf verschiedene Lerntypen ausgerichtet. Eine weitere Möglichkeit, den Wortschatz zu Schulsachen zu sichern, ist ein Ballwurfspiel. Sie sagen einen Gegenstand mit Artikel, z. B. „der Füller" und werfen den Ball einem Ihrer S zu, der/die dann Ihren Gegenstand wiederholt und einen anderen hinzufügt usw.

TIPP Eine weitere Möglichkeit: Fertigen Sie mit Ihren S Lernplakate an. Verwenden Sie dazu Fotokarton in den Farben blau für *der,* rot für *die* und grün für *das.* Die S arbeiten gemeinsam und sammeln Bilder oder zeichnen Gegenstände und kleben sie auf die jeweiligen Fotokartons (Bild und Schrift). Diese Lernplakate werden gut sichtbar in der Klasse aufgehängt. Sie bieten Hilfestellung, wenn ein/eine S hinsichtlich des Artikels unsicher ist.

3 | Meine Schulsachen

🎲 Für das nächste Spiel brauchen Sie drei Eimer in den Farben blau, rot und grün. Sie halten einen Gegenstand hoch, z. B. eine Schere. Ein/e S kommt und legt den Gegenstand in den passenden Eimer, in diesem Falle rot, und sagt: „die Schere."

🎲 Die nächste Aufgabe ist auch als Auflockerungsübung geeignet. Sie brauchen drei Matten oder zusammengeklebte Flipchartblätter in den Farben Blau, Rot und Grün, die Sie auf den Boden legen. Die S bewegen sich zu Musik in der Klasse. Stoppen Sie die Musik plötzlich und nennen Sie einen Gegenstand, z. B. „Bleistift". Die S müssen sich nun auf die Matte mit der richtigen Farbe (in diesem Fall blau) stellen und im Chor „der Bleistift" rufen.

🎲 Eine weitere Möglichkeit: Unter einem Tuch verdeckt liegen verschiedene Schulsachen. Ein/e S versucht zu ertasten, um welchen Gegenstand es sich handelt. Die Klasse fragt „Was ist das?" und der/die S nennt den Gegenstand.

4 Viele Schulsachen ≠

Mit dieser Aufgabe wird der Plural eingeführt. Erläutern Sie die Form auf Nachfrage oder wenn Sie eine leistungsstarke Klasse haben. Die Pluralbildung wird in dieser Aufgabe aber noch nicht als grammatisches Phänomen thematisiert.

a Wie viele Schulsachen findet ihr? …

Fragen Sie Ihre S in der Erstsprache, was sie auf diesem Wimmelbild sehen. Danach setzen sie in Einzel- oder Gruppenarbeit die Zahlen ein.

b Hört zu und kontrolliert eure Ergebnisse.

Die S kontrollieren ihre Ergebnisse beim ein- oder zweimaligen Hören. Fragen Sie sie anschließend in der Klasse ab.

> **Lösung:**
> 11 Bleistifte, 5 Spitzer, 7 Hefte, 3 Scheren, 4 Bücher, 8 Kulis, 6 Radiergummis, 2 Füller, 4 Taschen, 6 Federtaschen, 4 Lineale, 12 Buntstifte

5 Die Füller, die Taschen, die Bücher

Nehmen Sie sich die Zeit und lassen Sie sich von der Experimentierfreude Ihrer S anstecken und nutzen Sie dafür auch die Phonetikübungen.

a Hört zu und sprecht nach. Achtet auf die betonten Silben.

Nach dem 1. Hören sprechen die S die Wörter noch einmal und begleiten die betonte Silbe mit Klatschen, Stampfen, Aufstehen, Fingerschnipsen usw.

b Spielt zu zweit. Nutzt das Bild in Aufgabe 4. Wechselt die Rollen. **TIPP**

Die S finden sich selbst in Zweiergruppen zusammen oder Sie bilden Gruppen, in denen ein schwächerer mit einem stärkeren S zusammenspielt. Auch Viererguppen sind möglich. So ist der Ablauf des Spiels:

Schüler/in A sagt: „Ich sehe was, was du nicht siehst." Schüler/in B muss nun den Gegenstand (im Plural) erraten. Ist er nicht richtig erraten, sagt Schüler/in A: „Falsch!" und das Raten geht weiter. Im anderen Fall sagt Schüler/in A „Richtig!" und die Rollen werden getauscht.

Anhand der Pluralformen der Schulsachen werden die betonten Silben geübt. Die fett und groß markierte Silbe der Beispielwörter (die **Bü**cher, die **Ruck**säcke, die **Radier**gummies) weist auf die deutliche Hervorhebung akzentuierter Silben hin. Animieren Sie Ihre S ruhig, das spontane Sprechen zu üben und dabei die betonte Silbe laut und melodisch höher zu realisieren.

c Federtaschen: Was seht ihr? Sprecht zu zweit.

Hier wird noch einmal auf den Plural eingegangen. Die S können das Bild zu Aufgabe 4a im SB zu Hilfe nehmen.

> **Lösung:**
> 3 Scheren, 2 Bleistifte, 8 Buntstifte, 1 Lineal, 1 Füller, 1 Spitzer

d Was ist in euren Federtaschen?

Auch bei dieser Aufgabe können verschiedene Konstellationen gebildet werden, vgl. den Hinweis zu Aufgabe 5b in dieser Handreichung.

6 Das Alphabet

Mit dieser Aufgabe wird das Alphabet eingeführt. Erklären Sie Ihren S, dass es bis zum Buchstaben Z, z geht, und die Umlaute und ß dazugehören.

a Hört genau und lest mit.

Weisen Sie Ihre S beim Hören des Alphabets auf den Klang der Konsonanten hin. *p, t, k* werden als [p], [t], [k] (Fortis-Plosive) gesprochen und *b, d, g* als [b], [d], [g]. Letztere, die Lenis-Plosive, werden zwar mit weniger Kraft ausgesprochen, können jedoch von S mit Französisch, Polnisch, Spanisch, Ungarisch und Vietnamesisch u. a. als Erstsprache als Fortis-Plosive wahrgenommen werden. Lenken Sie die Aufmerksamkeit auch auf *c, z,* und *ß*, die als [tse], [tsɛtt] und [eszett] gesprochen werden.

b Hört noch einmal und sprecht nun mit. **TIPP**

Die S hören nun noch einmal. Das Sprechen der Buchstaben können Sie interessanter machen, indem Sie sie einmal leise, dann laut, nur von Mädchen, dann Jungs, von S mit blauer, roter, grüner usw. Kleidung abwechselnd sprechen lassen.

7 Buchstabieren

a Schreibt euren Namen auf. Buchstabiert ihn.

Als Alternative zu Aufgabe 7a im SB können Sie ein Spiel spielen, für das kleine Kärtchen gebraucht werden. Jede/r S nimmt sich eins und schreibt seinen/ihren Namen darauf. Die S finden sich in 4er- oder 5er-Gruppen zusammen. Die Kärtchen liegen verdeckt in der Mitte. Ein/e S zieht eins davon und buchstabiert den Namen. Wer den Namen als Erster erkennt, ruft ihn und ist dann selbst an der Reihe, ein Kärtchen zu ziehen.

b Welcher Buchstabe fehlt? Hört zu und ergänzt die fehlenden Buchstaben. …

Nachdem die S den Hörtext gehört und die fehlenden Buchstaben ergänzt haben, lesen sie die Wörter vor und buchstabieren sie.

Die Sozialform der Partnerarbeit bietet sich hier für schwächere S an.

> **Lösung:** Taschen, Bücher, Kulis, Lineal

c Hört zu. Welcher Gegenstand wird buchstabiert? …

> **Lösung:**
> 1: R-a-d-i-e-r-g-u-m-m-i, 2: B-u-c-h; 3: S-p-i-t-z-e-r, 4: S-c-h-e-r-e

3 | Meine Schulsachen

🎲 Wenn Sie das Alphabet noch weiter in der Klasse oder in Gruppen üben möchten, schlagen Sie die ersten Seiten dieser Einheit auf und lassen Sie einen/eine S einen Gegenstand buchstabieren, während die anderen raten, um welchen Gegenstand es sich handelt. Derjenige der, / Diejenige, die den Gegenstand errät, ist dann an der Reihe, einen anderen zu buchstabieren. Dies können Sie im Klassenverband oder auch in Gruppen spielen lassen.

8 Wie schreibt man das?
a, b

Nach dem Lesen spielen die S den Dialog in 3er-Gruppen nach. Die Rollen werden während des Nachspielens immer wieder gewechselt und die Gegenstände verändert. Sie übernehmen wieder die Rolle des „Lauschers" / der „Lauscherin" und verbessern wenn nötig. Starke S

≠ können den Dialog ohne Hilfe des Buchs nachspielen. Schwächere S werden die Hilfe des Buches etwas länger brauchen.

9 Abc-Party

Auch in den kommenden Unterrichtseinheiten können Sie die S das Lied hören, singen oder tanzen lassen. Es ist eine gute Auflockerungsübung und der Spaß ist garantiert.

Hört zu und singt mit.

Die S hören das Lied und singen mit. Klären Sie zuvor den Wortschatz. Ihre S können sich dann frei in der Klasse bewegen und tanzen. Sie können sich mit ihnen auch einen gemeinsamen Tanz zu diesem Lied überlegen, der immer zur Aktivierung „zwischendurch" zur Verfügung steht.

Miniprojekt

Sie brauchen eine Schnur, Scheren und Fotokarton in verschiedenen Farben. Die S fertigen damit unter Ihrer Anleitung Wimpel an. Legen Sie mit Ihren S fest, wer welche Aufgabe übernimmt und wer für welche Buchstaben verantwortlich ist.

Die S können in Gruppen zusammenarbeiten. Der/Die eine malt vor, der/die andere schneidet die Wimpel aus, der/die andere schreibt den Buchstaben. Die S suchen im SB nach Wörtern für jeden Buchstaben, sei es als Anfangsbuchstabe oder innerhalb des Wortes. Die S unterstützen sich dabei gegenseitig. Sie schreiben ihre Wörter auf die Wimpel und kleben sie anschließend an die Schnur, indem sie die obere Kante des Wimpels umknicken. Die Schnur befindet sich im Knick, der umgeknickte Rand wird am Wimpel befestigt.

Comic

Der Comic kann als Sprechanlass für ein Klassengespräch dienen.

Lest den Comic. Wo ist der Bleistift?

Die S können die Situation mit den Handpuppen nachspielen. Dabei können auch andere Gegenstände eingesetzt werden.

Meine Schule

„Das kann ich":	Die S erlernen in dieser Einheit die Redemittel, um zu sagen, welche Fächer sie mögen bzw. nicht mögen und um ihre Meinung über Schulfächer auszudrücken. Dazu gehören umgangssprachliche Adjektive wie z. B. *toll, langweilig, blöd* usw. und das Verb *mögen*, die in dem Comic am Ende der Einheit noch einmal aufgegriffen werden. Anhand der Bezeichnungen der Schulfächer und der Ja-/Nein-Fragen können die S den für das Deutsche typischen Zusammenhang zwischen Wortbetonung und Satzmelodie herstellen. Mit der Erarbeitung eines Plakats im Miniprojekt stellen sie den Bezug zu ihrer eigenen Schule her.
Wortschatz:	Schulfächer an Grundschulen: *Deutsch, Sachkunde, Mathematik/Mathe, Kunst, Sachkunde, Englisch, Musik, Sport*
Grammatik:	Das Personalpronomen *wir* Die Konjugation von *mögen* in der 1., 2., 3. Person Singular und 1. Person Plural Der unbestimmte Artikel *ein/eine* die Verneinung mit *kein/keine*
Phonetik:	Der Wortakzent Die Satzmelodie bei Fragen und Antworten

Die S sehen auf dem Panoramabild von Mia vorgestellte Situationen wie sie für Unterrichtsstunden in einer Grundschule typisch sind. Sie können auch in einfachen Worten das deutsche Schulsystem erläutern.

1 Mias Schule

Besprechen Sie die Fotos mit Ihren S in der Erstsprache. Lenken Sie ihren Blick auf Unterschiede und Gemeinsamkeiten, was die Räume und deren Ausstattung, die Kleidung der S, ihre Sitzordnung im Unterricht usw. betrifft.

a Schaut die Bilder an. Was seht ihr?

Lösung a (mögliche Antworten):
Kinder, Schule, Schulhof, Klassenzimmer, Lehrerin, Tafel, Klavier, singen, Turnhalle, Sport, Basketballkorb, Lehrer, Bücher, (Land-)Karte

b Hört zu und lest mit.

Die S hören den Hörtext und lesen leise mit. Beim 2. Hören in Abschnitten sprechen sie das Gehörte nach. Sprechen Sie anschließend noch einmal gesondert die Konsonanten/Konsonantenverbindungen *sch* und *ng* sowie das *v* in dem Wort *Klavier* vor.

Gehen Sie auch auf die zusammengesetzten Nomen *Turn-halle, Sport-lehrer, Sach-kunde, Lieblings-fach* ein und klatschen Sie sie gemeinsam mit den S. Das hilft vor allem den schwächeren beim Lesen.

c Lest den Text noch einmal. Was ist Mias Lieblingsfach? ≠

Klären Sie in der Klasse mit Hilfe der Fotos, über welche Schulfächer Mia spricht. Lassen Sie schwächere S in Partner- oder Gruppenarbeit, stärkere in Einzelarbeit herausfinden, welches Fach Mias Lieblingsfach ist.

4 | Meine Schule

Erläutern Sie die Bedeutung des *s* am Ende von *Mia* in dem Wort *Lieblingsfach,* ohne den Genitiv einzuführen. Erklären Sie, dass mit dem *s* die Zugehörigkeit des Nomens *Lieblingsfach* zu Mia angezeigt wird.

> **Lösung:** Mias Lieblingsfach ist Mathe.

2 Welches Schulfach ist das?

Besprechen Sie zur Vorentlastung dieser Aufgabe die Schulfächer, für die die Vignetten stehen, erst in der Muttersprache der S. Danach lesen die S die Schulfächer vor und ordnen sie in Einzel- oder Gruppenarbeit den Vignetten zu. Gehen Sie durch die Klasse und unterstützen, wenn nötig.

Besprechen Sie die Lösungen in der Klasse. Fragen Sie Ihre S, ob sie alle Fächer kennen.

> **Lösung:**
> 1 Englisch; 2 Kunst; 3 Mathematik; 4 Deutsch; 5 Sport; 6 Sachkunde; 7 Musik

3 Schulfächer mit Echo

Bei dieser Übung wird mit Hilfe des Echo-Spiels der Wortakzent in den Wörtern zu den Schulfächern geübt. Hinsichtlich der Wortakzentregeln zur Position einer betonten Silbe im Wort ist zwischen Wörtern deutscher Herkunft, fremder Herkunft und zusammengesetzten Wörtern zu unterscheiden. Trotz dieser Unterschiede gibt es bei allen einen Hauptakzent.

a, b

Die S achten beim Hören und Lesen in 3a auf die betonten Silben. Damit entlasten Sie Übung b, bei der das Sprechen des Echos hinzukommt. Erinnern Sie noch einmal an die Funktion des *s* (vgl. die Erläuterungen in dieser Handreichung zu 1c). Je nach Bedarf können Sie den Hörtext auch ein 3. Mal hören lassen.

c Lest die Sätze zu zweit. Einer liest den Satz, der Zweite macht das Echo.

Die S lesen die Sätze zu zweit mit verteilten Rollen, anschließend wechseln sie. Ermuntern Sie Ihre S, die betonten Silben beim Echo laut, die unbetonte Silben leise zu realisieren (s. SB, Einheit 1, Aufgabe 3).

> **Lösung b, c:**
> Mein Lieblingsfach ist **Deutsch**, *Deutsch, Deutsch, Deutsch*.
> Dein Lieblingsfach ist **Eng**lisch, *Eng-, Eng-, Eng-*.
> Tolgas Lieblingsfach ist Mu**sik**, *-sik, -sik, -sik*.
> Marios Lieblingsfach ist **Sach**kunde, *Sach-, Sach-, Sach-*.

4 Was ist dein Lieblingsfach?

Fragt und antwortet.

Mit diesem Ballspiel wird das Fragen und Antworten vertieft und erweitert. Mit den Possessivpronomen *mein/meine* und *dein/deine* sind Ihre S bereits aus Einheit 2 vertraut. Wiederholen Sie sie, indem Sie bei *mein/meine* auf sich selbst zeigen und bei *dein/deine* auf einen/eine S. Bitten Sie eine/n von ihnen, den ersten Dialog mit Ihnen vor der Klasse vorzuführen. Dann stellen sich die S im Kreis auf und fragen und antworten, während sie sich den Ball zuwerfen.

Wiederholen Sie die Aufgabe auch in den nächsten Unterrichtseinheiten, z. B. als Kettenübung, mit dem Ball oder als Karussell (s. SB, Einheit 3, Aufgabe 3).

5 Ich mag Sport

Lesen Sie zuerst Adjektive wie *cool, toll, langweilig* vor und begleiten Sie sie mit dem Daumen nach oben und nach unten (s. auch das grüne Däumchen nach oben und das rote nach unten für diese Adjektive in Aufgabe 6). Lesen Sie die Adjektive noch einmal vor und bitten Sie die S, sie nachzusprechen und mit eigener Gestik und Mimik zu untermalen.

a, b ≠ Starke S lösen die Aufgabe in Einzelarbeit, schwächere in Partnerarbeit. Für die Fächer, die Emil mag, schreiben sie ein „E" in die Kästchen, für die von Lotte ein „L". Gleichzeitig wird mit dieser Aufgabe das Verb *mögen* in der 1. und 2. Person Singular eingeführt, wodurch zusätzlich zu *gern haben* eine weitere Ausdrucksmöglichkeit gelernt wird.

Lösung a: Emil mag Mathematik und Deutsch. Lotte mag Sport.

c Lest den Dialog mit anderen Fächern.

Die S bilden Zweiergruppen und spielen den Dialog nach. Um den Dialog zu verändern, tauschen sie die grau markierten Wörter zu den Schulsachen in Aufgabe 1a aus. Bestärken Sie vor allem Ihre starken S, auch die Adjektive zu verändern und so fast einen eigenen Dialog zu führen.

6 Magst du Musik?

Spielt Karussell. Fragt euch gegenseitig.

Mit dieser Bewegungsübung wird eine weitere Übungsmöglichkeit angeboten, da es wichtig ist, die Übungsformen zu variieren, nicht zuletzt damit der Spaßfaktor erhalten bleibt.

Drei oder mehr S bilden einen Innenkreis und die gleiche Anzahl an S einen Außenkreis. Die S im Innenkreis bleiben stehen und die S im Außenkreis gehen im Uhrzeigersinn immer zum nächsten / zur nächsten S und stellen jeweils eine Frage.

Beispiel:
- *Magst du Musik?*
   Der S im Innenkreis antwortet:
- *Ja, ich mag Musik. Musik ist toll.* (Daumen nach oben). ODER
- *Nein, ich mag Musik nicht. Musik ist langweilig.* (Daumen nach unten)

Die Rollen können auch so verändert werden, dass der Innenkreis fragt und der Außenkreis antwortet oder die S wechseln vom Innen- in den Außenkreis. Oder Sie setzen die Ballwurfübung (s. SB, Einheit 4, Aufgabe 4) oder Kettenübung (s. SB, Einheit 3, Aufgabe 3) ein.

7 Lieblingsfächer in eurer Klasse

a, b

Für dieses Gruppenprojekt brauchen Sie einen Fotokarton in einer hellen Farbe, damit das Geschriebene gut sichtbar ist, und dicke Filzstifte. Eine Schülergruppe kümmert sich um das Plakat, schreibt oder malt die Schulfächer. Danach fragt eine andere Schülergruppe alle Mitschüler/innen nach ihren Lieblingsfächern und hält die Ergebnisse mit einer Strichliste auf dem Plakat fest. Dann wird es in der Klasse aufgehängt.

4 | Meine Schule

Lassen Sie einzelne S die Strichliste mit den Sätzen „Wir mögen … / Wir mögen … nicht" kommentieren. Dabei wird die 1. Person Plural von *mögen* eingesetzt.

8 Wir haben Kunst

In dieser Aufgabe wird der unbestimmte Artikel eingeführt und gleichzeitig der Wortschatz Schulsachen wiederholt.

a, b

≠

Besprechen Sie in der Klasse, was die Mikroaufnahmen wohl darstellen. Die S arbeiten einzeln oder in Gruppen. Lassen Sie vor allem schwächere S in Gruppen arbeiten, damit sie das Gefühl haben, sowohl einen Beitrag zu leisten als auch Unterstützung zu bekommen. Dann führen sie mit den Lösungswörtern aus 8a mit einem Partner / einer Partnerin ein Gespräch.

> **Lösung a:**
> A eine Schere; B ein Bleistift; C ein Spitzer; D ein Lineal; E ein Heft; F ein Buntstift; G eine Federtasche

9 Radiergummis, Buntstifte, Scheren? Die Endmelodie

Nehmen Sie, um das Indefinitpronomen *kein/keine* zu festigen, einen Gegenstand in die Hand und fragen Sie: „Ist das ein/eine …?" Verwenden Sie absichtlich falsche Wörter, um die Verneinung herbeizuführen. „Nein, das ist kein/keine …"

a, b

Diese beiden Übungen sensibilisieren für die enge Verbindung zwischen Betonung und Melodie. Im Deutschen kann eine betonte Silbe melodisch hoch oder tief gesprochen werden. Fällt die Melodie beim Hauptakzent einer rhythmischen Einheit, dann steigt danach die Melodie, z. B.: „Sind das Ra ↘ **dier**gummis ↗?" Steigt dagegen die Melodie beim Hauptakzent, dann fällt die Melodie bis zum Ende (↗↘), z. B.: „Das sind Ra ↗ **dier**gummis ↘."

In 9a wird die Melodieführung vereinfacht mit nach oben führenden blauen Linien für Fragen bzw. nach unten abfallenden Linien für Aussagesätze sowie fett markierten betonten Silben visualisiert. Beim 2. Hören lesen die S mit und zeichnen die Satzmelodie mit dem Finger nach. Beim 3. Hören sprechen sie mit.

> **Lösung a:**
> Die Endmelodie geht bei Fragen nach oben, bei Antworten nach unten.

Sammeln Sie mit den S Ideen, mit welchen Bewegungen sie die Stimmführung noch unterstreichen können, z. B. Arme nach oben nehmen oder Aufstehen bei einer Frage und Arme nach unten nehmen oder Hinsetzen bei einem Aussagesatz.

c Fragt und antwortet zu zweit mit Schulsachen im Plural. ≠

Zum Üben des Wortakzents werden in 9c die Schulsachen in der Pluralform verwendet. Die S legen einige ihrer Schulsachen vor sich hin und befragen sich gegenseitig; stärkere S in Partnerarbeit, schwächere in Gruppenarbeit. Achten Sie darauf, dass Antworten mit *kein/keine* verwendet werden. Motivieren Sie dazu, die Übung ohne Buch durchzuführen, damit Wortakzent und Endmelodie beim freien Sprechen trainiert werden.

10 Linas Schule

a Schaut die Fotos an? Was seht ihr?

Fragen Sie Ihre S beim Betrachten der Fotos, was sie sehen. Lassen Sie ihre Erstsprache zu und ermuntern Sie gleichzeitig dazu, bekannte deutsche Wörter zu nennen, z. B. *Pause, Klasse, Lehrer, Lehrerin*.

b Was sagt Lina? Lest die Sätze und ordnet sie zu.

Lesen Sie die Sätze gemeinsam mit Ihren S, bevor sie sie in Einzel- oder Gruppenarbeit den Fotos zuordnen.

> **Lösung:**
> A Hallo! Ich bin Lina. – B Hier sind die Lehrer. – C Mathe ist mein Lieblingsfach. – D Ich mag Sport.

c Hört zu und kontrolliert die Reihenfolge.

Die S hören den Hörtext zweimal und kontrollieren dabei ihr Ergebnis. Lassen Sie sie ihre Ergebnisse in der Klasse vortragen.

> **Lösung:**
> Hallo! Ich bin Lina. Hier sind die Lehrer. Ich mag Sport. Mathe ist mein Lieblingsfach.

d Schreibt drei weitere Sprechblasen zu den Fotos.

Sie können auf Aufgabe 5a hinweisen, damit Ihre S Ideen für die Sprechblasen bekommen.

> **Lösung** (mögliche Antworten):
> Ich mag meine Schule. – Mein Mathelehrer ist toll. – Wir sind … Jungen und … Mädchen in der Klasse. – Die Lehrer sind toll. – Sachkunde ist langweilig.

Miniprojekt

Für die Gestaltung des Plakats können Fotos, selbst gemalte Bilder und kleine Texte verwendet werden. Ihre S können im SB blättern, um Anregungen zu erhalten und sich an das Gelernte zu erinnern.

Veranstalten Sie mit den „Werken" der S eine kleine Ausstellung in Ihrer Schule oder stellen Sie sie in der Klasse aus.

Unterstützen Sie das eigenständige Arbeiten, helfen Sie aber da weiter, wo es nötig ist.

Comic

Lest und spielt den Comic mit den Handpuppen nach.

Mit Handpuppen (s. S. 77 und S. 79 im SB) oder einfach mit verteilten Rollen können Ihre S den Dialog nachspielen. Fortgeschrittene S können den Dialog variieren.

P2 | KLEINE PAUSE

Würfelspiel

Dieses Spiel nimmt den Lernstoff der Einheiten 3 („Meine Schulsachen") und 4 („Meine Schule") auf.

Bitten Sie Ihre S vor dieser Unterrichtsstunde, eine Spielfigur und einen Würfel (einen pro Spielgruppe) mitzubringen. Teilen Sie Ihre S in Spielgruppen von maximal vier S ein und besprechen Sie mit ihnen die Regeln. Wird die Aufgabe auf einem Feld nicht richtig beantwortet, darf der Spieler / die Spielerin nicht weiterziehen. Alternativ kann die Regel auch lauten, dass ein Spieler / eine Spielerin ein Feld zurück muss, wenn er/sie die Aufgabe nicht lösen kann.

Erläutern Sie das „Zwei-" und „Vier-Feld" sowie die Funktion der Leitern: Man überspringt einige Felder, wenn man auf eine Leiter kommt. Um das Ziel-Feld zu erreichen, muss zum Schluss genau die Zahl der verbleibenden Felder gewürfelt werden.

Lösung (mögliche Antworten):
Nenne 3 Schulsachen: ● Lineal, Spitzer, Kuli
Magst du Sport? ● Ja/Nein.
Zähle von 0 bis 10: ● 0, 1, 2, 3, 4, 5, 6, 7, 8, 9, 10
Was machst du gern? ● Ich spiele gern Fußball. Ich tanze gern.
Wie schreibt man das? ● S-p-i-t-z-e-r
Zähle von 7 bis 12: ● 7, 8, 9, 10, 11, 12
Wie heißt deine Schule? ● Meine Schule heißt …
Wie alt bist du? ● Ich bin … Jahre alt.
Ist das eine Schere? ● Nein, das ist ein Lineal.
Wie heißt dein Freund? ● Mein Freund heißt …
Magst du Deutsch? ● Ja, ich mag Deutsch. / Nein, ich mag Deutsch nicht.
Wie viel ist 9 – 6? ● 3
Malst du gern? ● Ja, ich male gern. / Nein, ich male nicht gern.
Zähle von 12 bis 7: ● 12, 11, 10, 9, 8, 7
Wie schreibt man das? ● K-u-l-i
Nenne 3 Schulsachen: ● Federtasche, Schere, Buntstift
Wie viel ist 8 + 3? ● 11
Das Alphabet: ● A, B, C, D, E, F, G, H, I, J, K, L, M, N, O, P, Q, R, S, T, U, V, W, X, Y, Z
Wie heißt deine Lehrerin? ● Meine Lehrerin heißt Frau …
Sind das Radiergummis? ● Nein, das sind Scheren.
Was ist dein Lieblingsfach? ● Mein Lieblingsfach ist Deutsch/Mathe/Sport.
Wie heißt dein Lehrer? ● Mein Lehrer heißt Herr …
Nenne drei Schulfächer: ● Deutsch, Englisch, Sport
Ist das ein Füller? ● Nein, das ist ein Kuli.

Kleine Pause mit Leo | 2

1 Leo in der Schule?

a, b

Lassen Sie die S erst ihre Vermutungen äußern, eventuell in der Muttersprache, bevor sie in 1b die drei Optionen vor dem Sehen lesen und richtige bzw. subjektive Antworten ankreuzen.

Lösung b: Leo geht in die Schule für Katzen. – Leo findet Schule cool.

2 Leos Lieblingsfach

a, b

TIPP *Vor dem Sehen:* Bilden Sie zunächst mehrere Gruppen. Schreiben Sie die drei Wörter mit den Buchstabenlücken (B __ __ __ er, H __ __ te, F __ __ ert __ __ __ __ e) auf ein extra Blatt und verteilen Sie jeweils ein Blatt an einen / an eine in der Gruppe, den/die sog. „Wortexperte"/ „Wortexpertin". Das Spiel beginnt, indem die anderen Gruppenmitglieder versuchen, den ersten fehlenden Buchstaben des ersten Wortes (B __ __ __ er) zu erraten.

KLEINE PAUSE | P2

Liegen sie falsch, malt der Wortexperte / die Wortexpertin den Mittelpunkt des Spinnennetzes.

Dann ist der Nächste / die Nächste in der Gruppe dran, diesen Buchstaben zu erraten. Ist die Antwort wieder falsch, wird das Spinnennetz um einen Kreis ergänzt, im weiteren Verlauf um einen zweiten. Bei der nächsten „falschen" Raterunde werden die ersten vier, danach die letzten vier Segmentachsen eingezeichnet.

Im anderen Fall, wenn die Gruppenmitglieder den richtigen Buchstaben erraten, wird die Zeichnung des Spinnennetzes nicht weiter fortgeführt. Entsteht durch fehlerhaftes Raten jedoch ein vollständiges Spinnennetz, gibt es die Auflösung.

Lösung a: Bücher, Hefte, Federtasche
Lösung b: Sport

Ergänzend zu 2b kann ein/e S sein/ihr Lieblingsfach pantomimisch vorstellen – die anderen S müssen es erraten.

3 Leo in der Schule
a, b

Wenn die S nach zweimaligem Hör- und Sehverstehen für 3a und 3b Lösungen gefunden haben, empfiehlt es sich, den Film noch einmal zur Selbstkontrolle dieser komplexen Aufgabe (Reihenfolge der Bilder und dann passende Sätze zuordnen) zu zeigen, bevor Sie die Aufgabe in der Gruppe und im Plenum besprechen. Anschließend können Sie Ihre S mit einer Variante zu 2b aktivieren: Ein/e S stellt sein/ihr Lieblingsfach pantomimisch vor – die anderen müssen es erraten. Sie können das Spiel auch mit einem Beispiel aus dem Englischunterricht vorstellen.

TIPP

TIPP Sie können mit dem Timecode 00:01:59 ein Standbild des Klassenzimmers zeigen und die S zeigen etwas auf diesem Bild, was ihnen gefällt, was sie lustig finden usw. Was sprachlich zu bewältigen ist, können sie beschreiben.

Lösung a:
1 Leo im Hafen, 2 Leo bei Ella im Kinderzimmer, 3 Leo und Ella im Klassenzimmer, 4 Leo mit Ball auf dem Tisch
Lösung b:
1 Mir ist so langweilig. 2 Ich gehe in die Schule. 3 Ich heiße Leo: L-E-O. 4 Dann haben wir jetzt mein Lieblingsfach: Sport. (Reihenfolge nach a)

Illustration: © Shutterstock/Kristyna Vagnerova

Meine Woche

„Das kann ich":	Die Freizeitbeschäftigungen spielen für Grundschüler/innen eine wichtige Rolle. Viele der in den Einheiten 1 und 2 eingeführten Hobbys können die S bereits vorstellen, nun können sie einige neue benennen (z. B. *Comics lesen, Filme sehen*). In der vorliegenden Einheit lernen die S außerdem die Verbindung der Wochentage mit der Präposition *am*. Sie verstehen die Verbindungen in Hör- und Lesetexten und können sie sowohl beim dialogischen Sprechen als auch in Ja-/Nein-Fragen zu Verabredungen in der Woche anwenden.
Wortschatz:	Die Wochentage, Wochenplan
Grammatik:	Die Konjugation der unregelmäßigen Verben *fahren, treffen, lesen* in der 1. und 2. Person Singular
Phonetik:	Die Satzmelodie bei Fragen und Antworten, die Auslautverhärtung

Sprechen Sie am Anfang der Stunde mit den S in Ihrer Erstsprache darüber, was sie in ihrer Freizeit während der Woche machen und mit welchen Aktivitäten sie das Wochenende verbringen. Sie können als Einstieg auch Fotos von den Aktivitäten, die die S bereits kennen, mitbringen.

1 Was machst du heute?
a, b

Lassen Sie Ihre S zunächst den Wochenplan betrachten und anschließend Sätze bilden (1a). Gehen Sie noch nicht auf die Wochentage ein. Sie werden in 1b aufgegriffen.

> **Lösung a:**
> Am Montag macht Lukas Karate. Lotte spielt Hockey.
> Am Dienstag spielt Lukas Hockey. Lotte tanzt.
> Am Mittwoch spielen Lukas und Lotte Fußball.
> Am Donnerstag lernen Lukas und Lotte.
> Am Freitag schreiben Lukas und Lotte Deutschtest.
> Am Samstag und Sonntag kommt Emil. Lotta besucht Oma und Opa.

2 Die Wochentage – betonte Silben

a–c

Im Deutschen werden *b, d* und *g* (Lenis-Plosive) *im* Wort- und Silbenauslaut bzw. am Wort- und Silben*ende* als [p], [t] und [k] (Fortis-Plosive) gesprochen. Beispiele dafür sind Wörter wie *ab* [ap], *und* [ʊnt] und *Tag* [ta:k].

Die Veränderung im Klang, die sogenannte Auslautverhärtung, wird mit *g* bei *-tag* in den Wochentagen thematisiert. Die S hören und lesen die Akzentposition bei Wochentagen und sprechen sie in 2b. In der Übung 2c realisieren die S, dass man zwar *g* bei *-tag* schreibt, dieses *g* jedoch wie [k] klingt.

> **Lösung c:** Tag klingt am Ende wie *k*.

3 Eine Woche

Spielt das Ballwurfspiel. Nennt den jeweils folgenden Wochentag.

Bringen Sie einen leichten Ball mit. Bilden Sie einen Kreis mit den S. Sagen Sie „Montag" und werfen Sie einem/einer S den Ball zu. Er/sie sagt dann „Dienstag" und wirft den Ball einem/einer anderen zu. Spielen Sie mehrere Runden. Haben Sie eine große Klasse, können die S in mehreren Gruppen (mit mehreren Bällen) spielen.

4 Der Wochenplan

Schaut noch einmal den Wochenplan von Lotte und Lukas an. Fragt und antwortet.

Achten Sie darauf, dass sich die S beim Fragen und Antworten abwechseln, z. B.
● *Was macht Lukas am Mittwoch?*
■ *Am Mittwoch macht er Karate. Was macht Lotte am Samstag?*
● *Am Samstag spielt sie Tennis …*

> **Lösung** (mögliche Fragen und Antworten):
> ■ Was macht Lotte am Mittwoch? ● Am Mittwoch spielt sie Fußball.
> ■ Was macht Lukas am Dienstag? ● Am Dienstag spielt er Hockey.
> ■ Was macht Lotte am Sonntag? ● Am Sonntag besucht sie Oma und Opa.

5 Hobbys

Wiederholen Sie zunächst die Hobbys der vorherigen Stunde.

a Schaut die Fotos an. Hört dann und zeigt auf das passende Bild.

Alternativ zu der Aufgabe im SB hören die S den Text zuerst mit geschlossenen Büchern. Fragen Sie anschließend, was sie verstanden haben. Erst danach betrachten sie die Fotos, hierfür brauchen Sie keine Wörter vorab zu klären. Die S hören zu und zeigen auf das passende Bild.

> **Lösung:**
> 1. – Ich spiele gern Klavier. 2. – Ich fahre gern Rad. 3. – Ich sehe gern Filme. 4. – Ich lese gern Comics. 5. – Ich höre gern Musik. 6. – Ich treffe gern Freunde. 7. – Ich gehe gern ins Kino.

b Welche Hobbys magst du? Kreuze die Fotos an.

Nehmen Sie eine/n S dran. Fragen Sie ihn/sie, was er/sie gerne tut. Bitten Sie Ihre S dann, zu zweit zu arbeiten und sich darüber auszutauschen, welche Hobbys sie mögen. Danach kreuzen die S die Hobbys an.

c, d

Mit diesen Übungen wird das Phonetikthema von Übung 9, Einheit 4 wiederholt. Die S lesen und hören S die Beispiele (5c) und zeichnen die blaue Linie zur Veranschaulichung der Satzmelodie mit dem Finger in der Luft mit. So wiederholen sie den melodischen Endverlauf bzw. achten auf ihn in Übung 5d.

> **Hinweis d:**
> Die Endmelodie geht bei der Frage nach oben und bei der Antwort nach unten.

e Schreibt Fragen auf Kärtchen. Fragt euch gegenseitig in der Klasse. Tauscht dann die Kärtchen.

Verteilen Sie leere Kärtchen. Ihre S schreiben auf jedes eine Frage. Gehen Sie herum, kontrollieren Sie sie bzw. helfen Sie bei Bedarf. Führen Sie mit einem/einer S vor, wie diese Aufgabe funktioniert. Bei ungerader Schüleranzahl machen Sie bei der Aufgabe mit.

5 | Meine Woche

Lösung:
- ● Gehst du gern ins Kino? ■ Ja, ich gehe gern ins Kino.
- ▶ Triffst du gern Freunde? ✦ Ja, ich treffe gern Freunde.
- ◆ Liest du gern Comics? ▬ Nein, ich lese nicht gern Comics.

6 Wochenpläne **TIPP**

Bringen Sie ein Foto von einem der Klasse unbekannten Kind mit und hängen Sie es an die Tafel. Ihre S geben dem Kind einen Namen, überlegen, wie alt es ist, wo es wohnt und woher es kommt. Fragen Sie die Klasse, was das Kind vielleicht jeden Tag macht. Teilen Sie die S dazu in fünf Gruppen ein. Weisen Sie jeder Gruppe einen anderen Tag zu. Jede Gruppe überlegt sich einen Satz zu einer Aktivität des Kindes. Sie können auch eine Tabelle mit den Wochentagen an die Tafel schreiben und sie dann von den Gruppen ergänzen lassen.

a Lest die Texte und ordnet die Bilder zu.

Lösung:
Kino (C): Mia trifft gern Freunde. Am Montag gehen sie zusammen ins Kino. – kein Bild: Tom mag Sport. Am Dienstag fährt er Rad. Am Donnerstag spielt er Hockey. – Klavier, Comics (A, B): Emil spielt am Mittwoch Klavier. Am Freitag liest er Comics.

b Lest noch einmal und ergänzt die Tabelle.

Nachdem die S die Tabelle ergänzt haben, kontrollieren sie die Tabelle in Partnerarbeit. Besprechen Sie erst dann die Lösungen.

Lösung:

	Montag	Dienstag	Mittwoch	Donnerstag	Freitag
Tom		fährt Rad		spielt Hockey	
Mia	geht ins Kino				
Emil			spielt Klavier		liest Comics

c Wer macht was? Korrigiert die Sätze.

Schreiben Sie den ersten Satz an die Tafel und lassen Sie ihn von den S korrigieren. Danach verbessern die S die Sätze der Aufgabe.

geht   *ins Kino*

Mia ~~spielt~~ am Montag <u>Hockey</u>.

Lösung:
Mia *geht* am Montag *ins Kino*. – Emil spielt am *Mittwoch* Klavier. – Emil *liest* am Freitag *Comics*. – Tom *spielt* am Donnerstag *Hockey*.

d Fragt zwei Kinder in der Klasse und ergänzt die Tabelle in b.

Die S ergänzen die Tabelle von 6b um zwei weitere Zeilen und befragen dazu zwei Mitschüler/innen. Achten Sie darauf, dass zu allen S Fragen gestellt werden. Weisen Sie darauf hin, dass vollständige Sätze gebildet werden wie z. B.: *Marko macht am Montag Karate*. Erkundigen Sie sich, was die S notiert haben.

40

7 **Machen wir zusammen Hausaufgaben?**

a, b

Bevor die S in 7b Dialoge spielen, lesen und hören sie die Dialoge in 7a.

 Machen Sie für 7a eventuell einen beispielhaften Dialog mit einem/einer S vor. Leistungsstarke S können sich weitere Dialoge ausdenken, während leistungsschwache die Dialoge aus dem SB variieren. Zum Schluss stellen einige S ihre Dialoge vor.

> **Lösung b** (mögliche Fragen und Antworten):
> - Treffen wir am Samstag Freunde?
> ▪ Nein, ich habe keine Lust.
> - Spielen wir am Samstag Klavier?
> ▪ Nein, ich habe keine Zeit.
> - Schade.
>
> - Spielen wir zusammen Hockey?
> ▪ Wann?
> - Am Donnerstag?
> ▪ Ja, das geht.

Am Wochenende

Hört das Lied. Singt mit.

TIPP Verteilen Sie Kärtchen. Ihre S schreiben darauf jeweils einen Satz zu ihren Aktivitäten am Wochenende und lesen ihn laut vor. Am Ende hängt jede/r an seinen/ihren Satz an eine Wäscheleine.

Die S hören dann das Lied und singen alle zusammen oder in Gruppen, die sich abwechseln, mit, z. B. eine Gruppe die erste Strophe, die zweite die zweite usw.

Die S können dann zu zweit oder in Kleingruppen das Lied neu schreiben und es in der Klasse präsentieren. Verteilen Sie hierfür die Kopiervorlage KV10 zum Lied. Die S können wählen, ob sie das Lied singen oder vorlesen möchten.

Miniprojekt

Die S erstellen paarweise oder in Kleingruppen Collagen. Das kooperative Arbeiten am Projekt ermöglicht jedem S / jeder S, seine/ihre individuellen Fähigkeiten und Kenntnisse zu erweitern. Zum Schluss hängen die Collagen an der Wand und werden von ihren „Künstlern"/„Künstlerinnen" präsentiert. Sie können aber auch eine kleine Ausstellung machen und Parallelklassen dazu einladen.

 Methoden zur Gruppenbildung

Um immer neue Lernkonstellationen herzustellen, stehen Ihnen viele verschiedene Möglichkeiten zur Verfügung. Mit zerschnittenen Puzzleteilen oder Bildern können Sie Kleingruppen bilden. Ebenso eignen sich bunte Bonbons: Gleichfarbige führen zu einer Gruppe oder zu Paaren zusammen. Wenn Ihnen keine Materialien zur Verfügung stehen, können Sie die S auch einfach durchzählen lassen: 1, 2, 3 … Dann führen die gleichen Zahlen zu Gruppen oder Paaren.
Verwenden Sie diese Verfahren immer wieder, um sozusagen den Zufall entscheiden zu lassen. Mit diesem von den S als fair empfundenen Vorgehen können Lernkonstellationen herbeigeführt werden, die neue Austauschmöglichkeiten unter den S eröffnen, und Cliquenbildung vermeidet oder abschwächt.

Comic

Lest. Was macht Emil? Was macht Socke?

Die S tauschen sich nach dem Lesen in der Klasse aus.

Das esse ich gern

„Das kann ich":	Der Auftakt zu dieser Einheit ist eine Eisdiele mit ihren vielen verschiedenen Eissorten. Die S können ihre Vorlieben bei Süßigkeiten austauschen und beim Thema „Frühstück"/ „Frühstücken" differenziert ausdrücken, welche Lebensmittel sie mögen und welche nicht. Bei dem Frühstückswortschatz lernen sie auf die langen Vokale in betonten Silben zu achten. Zu diesen neu eingeführten Wörtern hören sie ein Interview und spielen selbst eins. Sie hören und schreiben eine Avenida und können den erlernten Stoff in einem Projekt anwenden, bei dem sie ein Bildwörterbuch zum Thema „Essen und Trinken" erstellen.
Wortschatz:	Lebensmittel zum Frühstück mit den dazugehörigen Getränken und Obst
Grammatik:	Das Personalpronomen *ihr* und *sie* (Plural), die Verben *essen* (1. und 3. Person Singular, 3. Person Plural), *trinken* (1., 2. Person Singular)
Aussprache:	Lange Vokale in betonten Silben

Zeichnen Sie zum Einstieg in diese Einheit ein Eis an die Tafel. Fangen Sie mit wenigen Strichen an und lassen Sie die S erraten, was das sein könnte. Vervollständigen Sie die Eiszeichnung nach und nach, bis sie erraten ist. Fragen Sie Ihre S, welche Eissorten sie gern essen. Sprechen Sie mit ihnen in ihrer Erstsprache darüber.

1 Eine Eisdiele

Aktivieren Sie das Weltwissen der S zu Eis: Eisdiele, Eissorten usw.

a Wo ist das? Was seht ihr? Sammelt in eurer Sprache.

Lösung (mögliche Antworten):
Eisdiele, Verkäuferin, viele Eissorten (Kiwi, Mango, Vanille, Zitrone), Eiswaffel

b Hört zu und zeigt auf die Eissorten.

TIPP Um die neuen Wörter zu festigen, können Sie Kärtchen in unterschiedlichen Farben mitbringen. Heben Sie z. B. die rote Karte hoch und die S sagen: *Erdbeereis* usw.

Lösung b:
Schokolade, Erdbeere, Maracuja, Vanille, Mango, Kiwi, Zitrone

c, d  Die S variieren den Dialog, indem sie in 3er-Gruppen andere Eissorten einsetzen. Machen Sie die Aufgabe mit einem leistungsstarken S vor:
- *Magst du Maracujaeis?*
- *Ich liebe Maracujaeis. Und du?*
- *Ich auch. Aber mein Lieblingseis ist Kiwieis.*

2 Eissorten und lange Vokale
a, b

Im Deutschen können Vokale lang oder kurz sein. Dieser Unterschied führt nicht selten zu Missverständnissen, denn das Merkmal „lang" oder „kurz" kann bei Vokalen bedeutungsunterscheidend sein.
Beispiel:
langes *o* [o:]) bei *Ofen*, kurzes *o* [ɔ] bei *offen*

> **Lösung a:**
> Ein langer Vokal in den betonten Silben ist bei den Wörtern im gelben Kasten zu hören.

Die Übung 2 führt in die Aussprache langer Vokale bei betonten Silben ein. Die S hören in 2a mehrere Wörter, bei denen sowohl kurze *(Erdbeereis)* als auch lange Vokale *(Schokoladeneis)* bei der betonten Silbe auftreten. Durch das Hören und die Visualisierung in der Sprechblase werden die S für die langen Vokale sensibilisiert. Ermuntern Sie sie, in Übung 2b bei den langen Vokalen zu übertreiben.

3 Für Naschkatzen
a, b

Weil viele Internationalismen vorkommen, reicht es, die Aufgabe in 2b zu überprüfen.

> **Lösung a:** Gummibärchen, Schokolade, Popcorn, Kekse, Bonbons

c Hört noch einmal und sprecht mit.

Zur Festigung des Wortschatzes sprechen die S diesmal mit.

d Ballwurfspiel: Magst du …? Fragt und antwortet in der Klasse.

Die S betrachten zuerst die Sprechblasen. Klären Sie anhand eines Beispiels, was *lecker* und *igitt* bedeuten:
Ich mag Popcorn. Mmmh, lecker!
Ich mag keine Kekse. Igitt!
Verwenden Sie dabei Mimik und Gestik.

Werfen Sie einem/einer S einen Ball zu. Fragen Sie ihn/sie: *Magst du Gummibärchen?* Er/Sie antwortet mit *Ja, lecker.* oder *Nein, igitt*. Dann stellt er/sie eine Frage und wirft einem anderen S / einer anderen S den Ball zu. Spielen Sie mehrere Runden, damit alle drankommen.

4 Das Frühstück
a, b

Die S hören und lesen leise mit.

> **Lösung b:**
> das Müsli, das Wasser, der Tee, das Brot, der Kakao, der Saft, die Milch, das Brötchen, der Käse, die Marmelade, die Butter, der Honig

TIPP Bringen Sie zur Vorentlastung von 5a einige Lebensmittel mit. Nachdem Sie sie auf den Tisch gelegt und mit einem Tuch bedeckt haben, sagen Sie in der Erstsprache der S, dass dort Lebensmittel liegen, die Sie gern frühstücken. Die S versuchen sie zu erraten. Schreiben Sie das Wort *Frühstück* erst zum Schluss an die Tafel.

5 Nahrungsmittel und lange Vokale
a, b

Nach Aufgabe 4 können sich die S beim Hören von Wörtern zu Lebensmitteln auf den langen Vokal in der betonten Silbe konzentrieren. Bevor sie diese Wörter nachsprechen, hören sie sie ein 2. Mal.

6 | Das esse ich gern

c Wiederholt die Wörter. Streckt bei langen Vokalen die Arme weit aus.

Bitten Sie Ihre S aufzustehen und die Arme bei den langen Vokalen auszustrecken. Diese Körperbewegung unterstützt das Sprechen von langen Vokalen.

6 Wer isst und wer trinkt was zum Frühstück?

a Hört zu und verbindet die passenden Bilder.

> **Lösung:**
> Tom: Brötchen mit Marmelade und Saft
> Mia: Müsli mit Milch und Wasser
> Emil: Brot mit Butter und Käse und Tee

b Notiert und vergleicht eure Ergebnisse.

Die S schreiben die Lösungen ins Heft. Sie kontrollieren ihre Ergebnisse erst mit dem/der Partner/in, dann im Plenum.

c, d

Die S lesen zuerst die Dialoge und sprechen dann nach dem gleichen Muster zu zweit (5c). Es schließt sich eine Kettenübung als Variante des Spiels „Ich packe meinen Koffer und nehme ... mit." an. Dabei üben die S die 1. und 3. Person Singular von *essen* und *trinken*.

Kettenübung

Mit Kettenübungen lassen sich Lexik und verschiedene grammatische Strukturen gut einüben. Bei dieser Sozialform leistet jede/r S einen individuellen Beitrag zum Gruppenergebnis und gleichzeitig lernen alle voneinander. Kettenübungen sollten relativ schnell ablaufen, damit das spontane Sprechen trainiert wird. Damit in größeren Klassen keine Langeweile aufkommt, sollte man sie in mehrere Gruppen einteilen.

---

7 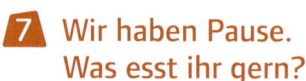Wir haben Pause. Was esst ihr gern?

Zeichnen Sie eine Banane, eine Erdbeere und einen Apfel an die Tafel. Zeichnen Sie dann Smileys dazu und schreiben Sie folgende Sätze:

 Ich esse sehr gern Äpfel.   Ich esse gern Bananen.   Ich esse nicht gern Erdbeeren.

a Hört das Interview. Was essen die Schüler und Schülerinnen gern? Zeichnet ein.

> **Lösung:**
> Lea trinkt sehr gern Saft und isst gern ein Brötchen. Milch trinkt sie nicht gern.
> Tara isst gern Äpfel. Bananen isst sie nicht gern. Aber sie isst sehr gern Erdbeeren.
> Sebastian trinkt sehr gern Wasser und isst gern ein Brot mit Käse und Salat. Aber Brot mit Marmelade isst er nicht gern.

b Was essen die Kinder gern? Was essen sie nicht gern? Berichtet.

TIPP Fragen Sie, bevor Sie die S in Kleingruppen arbeiten lassen, eine/n S, was Lea sehr gern trinkt. Fragen Sie dann einen anderen S, / eine andere S, was er/sie gern isst. Bilden Sie dann 3er-Gruppen: Eine/r der Gruppe berichtet über Lea, der/die Zweite über Tara und der/die Dritte über Sebastian. Dabei geht es immer um Sätze mit *gern*, *sehr gern* und *nicht gern*.

c, d	Teilen Sie die Klasse in drei große Gruppen. Wählen Sie je eine/n Reporter/in für die Gruppen. Der Reporter / Die Reporterin befragt alle S seiner/ihrer Gruppe, was sie gern essen, und notiert ihre Antworten auf einem Blatt Papier.
	Anschließend kommen die drei Reporter/innen nach vorne. Die anderen S stellen zuerst dem ersten Reporter / der ersten Reporterin Fragen zu seinen/ihren Interviewpartnern: *Was essen sie gern? Was trinken sie gern?* Er/Sie antwortet. Dabei ist es nicht wichtig, die Namen der S zu nennen. Danach gibt der zweite Reporter / die zweite Reporterin Auskunft zu seiner Interviewgruppe usw.
8 Ein Gedicht	Wiederholen Sie am Anfang der Stunde spielerisch die Vokabeln der letzten Unterrichtsstunden, bevor Sie zum Hörverstehen in 8a gehen. Ihnen stehen verschiedene Möglichkeiten offen:
	🎲 Variante A: Eine/e S zeichnet einen Begriff an die Tafel. Die anderen erraten, um welches Wort es sich handelt. Wer es errät, bekommt 1 Punkt.
	🎲 Variante B: Hängen Sie überall in der Klasse Bilder von Lebensmitteln an die Wand. Wenn Sie eins davon genannt haben, laufen die S schnell zu dem entsprechenden Bild. Für das Spiel benötigen Sie viel Platz.
	🎲 Variante C: Ein/e S verlässt das Klassenzimmer. Alle anderen S sitzen im Stuhlkreis und erhalten – bis auf eine/n – eine Abbildung eines Lebensmittels. Da die S bislang nur den Akkusativ Plural kennen, muss jedes Lebensmittel mehrfach abgebildet sein. Jede/r merkt sich sein Bild und setzt sich dann darauf. Der/Die eine ohne Bild bekommt den Namen Hatschi-Patschi. Nun kommt der/die S von draußen herein und geht von S zu S und fragt: *Was isst du gern?* Der Befragte / Die Befragte sagt dann zum Beispiel: *Ich esse gern Bananen.* Dann fragt er/sie den/die Nächste. Wenn ein/e S antwortet, er/sie sei Hatschi-Patschi, müssen alle S schnell aufstehen und sich einen neuen Stuhl suchen. Wer keinen Stuhl findet, muss vor das Klassenzimmer gehen.
a, b	Lassen Sie das Gedicht in Partnerarbeit schreiben, z. B. zum Thema Essen.
Miniprojekt	Bei diesem Miniprojekt wird ein Bildwörterbuch erstellt. Achten Sie darauf, dass bei der Gruppenarbeit alle S aktiv mitarbeiten. Am besten haben die S verschiedene Rollen, z. B.: Schreiber/in (schreibt die Vokabeln auf das Plakat), Zeichner/in (zeichnet Bilder), Zeitmanager/in (achtet auf die Zeit), Bote/Botin (falls die Gruppe Fragen zu bestimmten Wörtern hat, soll er/sie diese im SB nachschlagen oder Sie fragen). Das Ergebnis wird von allen S präsentiert.
Comic	Das Nachspielen des Comics mit den Handpuppen (s. SB, Seite 77 und 79) oder als Rollenspiel sorgt für Spaß.

P3 | KLEINE PAUSE

Würfelspiel

Dieses Spiel nimmt den Lernstoff der Einheiten 5 („Meine Woche") und 6 („Das esse ich gern") auf. Es kombiniert den Wortschatz der Wochentage mit dem der Freizeitbeschäftigungen.

Es werden zwei Teams gebildet, die aus mehreren 4er-Gruppen bestehen. Jede Gruppe benötigt zwei Würfel. Zuerst würfelt das erste Team mit beiden Würfeln und fragt das andere Team: „Was macht … am …?" Das zweite Team antwortet entsprechend der Augenzahl der Würfel. Bei 2 und 6 könnte die Konversation z. B. folgendermaßen lauten:
Team A: *Was machst du am Wochenende?*
Team B: *Am Wochenende besuche ich Oma und Opa.*
Anschließend ist das zweite Team dran und würfelt.

Gehen Sie in der Klasse herum und helfen Sie ggf.

> **Lösungen** (mögliche Fragen und Antworten):
> 5/4: Was macht ihr am Donnerstag? – Am Donnerstag hören wir Musik.; 3/1: Was macht er/sie am Montag? – Am Montag spielt er/sie Fußball.

Kleine Pause mit Leo | 3

1 Leo und Ella essen Frühstück

a, b

Aktivieren Sie mit einem Assoziogramm das Weltwissen Ihrer S, bevor Sie mit den Aufgaben beginnen. Beziehen Sie ggf. die Tabelle von Übung 1b mit ein.

> **Lösung b:**
> Leo mag Milch und Fisch. Ella mag Brötchen, Kekse, Gummibärchen.

2 Angeln wir heute zusammen?

a, b

Lassen Sie die S zunächst versuchen, die Aufgaben a und b nach dem 1. Hören zu lösen. Anschließend können sie den Film zur Selbstkontrolle sehen, bevor die Ergebnisse in der Klasse verglichen werden.

Kommen Sie zum Abschluss von Aufgabe 2 noch einmal auf Leos Frage zurück: „Angeln wir heute zusammen?". Waren Leo und Ella angeln?, Wann? Warum? Wo?

> **Lösung a:**
> Klavier spielen, Freunde treffen
> **Lösung b:**
> 1 Leo mit dem Handy, 2 Essen auf dem Tisch, 3 Ball, 4 Katzenfutter

c Welcher Satz passt zu welchem Bild? Tragt die Zahl ein.

In dieser Aufgabe lesen die S einzelne Sätze aus dem Gespräch von Leo und Ella und bringen sie in die richtige Reihenfolge.

> **Lösung:**
> 1 Angeln wir heute zusammen?; 2 Magst du Brötchen und Honig?; 3 Hahaha, das ist ja ein Ball. Isst du gern Bälle?; 4 Heute essen wir Katzenfutter. (Reihenfolge nach b)

Kleine Pause | P3

3 **Leo isst gern Fisch**

Mit dieser kreativen Aufgabe nach der Überprüfung des Hör- und Sehverstehens werden vor allem die im Deutschen häufig auftretenden Wortbildungen aus zwei oder mehreren Nomen geübt. Ermuntern Sie Ihre S, auch richtige Nonsens-Wörter zusammenzufügen oder das Grund- und Bestimmungswort zu vertauschen.

TIPP Sie können den spielerischen Unterrichtsanteil noch ausbauen: Sprechen Sie ein-, zweimal vor:

- „Ich hab gefischt, ich hab gefischt, ich hab die ganze Nacht gefischt und habe keinen Fisch erwischt." Das spricht der Fischer. Dann legen die S die Hände auf den Tisch. Erst wenn der Fischer das Wort „erwischt" sagt, dürfen sie die Hände wegziehen. Der Fischer versucht eine Hand (also einen Fisch) zu fangen. Die gefangene Person ist der neue Fischer.

- Legen Sie Kärtchen mit Bildern von Lebensmitteln, an denen eine Büroklammer befestigt ist, in eine Schachtel. Mit einer Angel (mit Magnet) versuchen die S abwechselnd zu angeln. Die Lebensmittel können nach verschiedenen Kriterien geordnet sein: für Leo / für Ella; lecker / nicht lecker usw.

Meine Familie

„Das kann ich":	Zum Einstieg in diese Einheit mit dem Thema Familie stellen die S den Bezug zwischen einem Hörtext und auf Fotos abgebildeten Familienmitgliedern her. Danach geht es um das Textverständnis. Die S lernen, die betonte Silbe in den Familienbezeichnungen lang auszusprechen. Sie können Familienportraits verstehen und verfügen über Redemittel, mit denen sie kleine Dialoge mit Fragen und Antworten zu eigenen Familienmitgliedern führen und im Miniprojekt „Fantasiefamilie" visuell darstellen können. Sie können von 13 bis 20 zählen und dabei die erste Silbe betonen. Außerdem können sie mit diesen Zahlen rechnen. Nach einem Laufdiktat und dem „Zahlen-Rap 1 bis 20" beherrschen sie die Zahlen 1 bis 20.
Wortschatz:	Familienmitglieder: *Mama, Papa, Bruder, Schwester, Onkel, Tante, Cousin, Cousine*; Wortfeld Familie: *Familie, Eltern, Kind, Baby, Geschwister, Großeltern* Die Adjektive *groß, nett* Die Zahlen 13–20
Grammatik:	Die Possessivartikel *mein/meine, dein/deine* Das Verb *haben* + *ein/eine* und *kein/keine* Der Akkusativ
Phonetik:	Der Wortakzent Unterschiedliche Vokalqualitäten

Bevor Sie mit dem Thema dieser Einheit beginnen, können Sie einige Fotos von Ihrer Familie zeigen. Lassen Sie die S raten, um wen es sich handelt. Sprechen Sie in der Muttersprache über die Personen. Die deutschen Bezeichnungen sollten hier noch nicht genannt werden.

1 Mias Familie

a, b

Lösung a (mögliche Antworten):
Hochzeit, Braut, Bräutigam, Eltern, Junge, Fußball, Baby, Teddybär, Oma, Opa, Familie, Mama, Papa, Kinder, Bilder an der Wand, Katze

c Lest die Texte. Ordnet jedem Text das passende Foto.

Durch die Vorentlastung durch die Aufgaben 1a und 1b dürfte es Ihren S nicht schwer fallen, die Fotos den Texten zuzuordnen.

Lösung:
A – Das sind meine Eltern. Meine Mama und mein Papa.
B – Das ist mein Bruder. Er liebt Fußball.
C – Das ist meine Schwester. Sie ist noch ein Baby.
D – Das sind meine Großeltern, meine Oma und mein Opa.
E – Das sind meine Tante und mein Onkel, meine Cousine und mein Cousin.
F – Meine Katze ist total verrückt.

2 Familienmitglieder – der Wortakzent

a–c

In Einheit 4 wurde bereits darauf eingegangen, dass im Deutschen auch bei mehreren betonten Wortsilben nur ein Hauptakzent zu hören ist. In 2a und 2b wird der Wortakzent beim Vokabular zu den Familienmitgliedern geübt. Schon in Übung 2a ist eine angemessene Betonung wichtig. Erinnern Sie Ihre S daran, betonte von unbetonten Silben zu unterscheiden (s. Einheit 1 und 2).

Achten Sie auf die Vokalquantität lang in der unbetonten Silbe am Wortende. Mit der Sprechblase (*Omaaaa*) in 2c wird vermittelt, dass der Vokal bei unbetonten Silben am Wortende lang sein kann wie der lange *a*-Vokal am Wortende in *Oma*, *Opa*, *Mama* und *Papa*. Nachdem Ihre S den langen *a*-Vokal in verschiedenen Wörtern gehört haben, können sie ihn anschließend selbst sprechen.

3 Wer ist das?

Lassen Sie die S zu zweit über die abgebildeten Fotos sprechen.

4 Familienkette

Die Kettenübung ist zur Wiederholung des Familienwortschatzes geeignet. Spielen Sie sie so lange, bis alle S dran waren.

5 Familien beschreiben

Mit folgendem Spiel können Sie das Thema Familie wiederholen, bevor Sie mit den Aufgaben beginnen, oder Sie setzen es als Koordinationsübung ein. Sie können damit auch die gesamte Unterrichtseinheit beenden.

Stellen Sie sich mit den S im Kreis auf. Klopfen Sie mit beiden Händen auf Ihre Oberschenkel. Schnipsen Sie dann erst mit dem rechten, anschließend mit dem linken Finger. Üben Sie das mit den S zwei-, dreimal. Als Nächstes klopfen sich die S mit beiden Händen auf die Oberschenkel. Schnipsen Sie mit dem rechten Finger und sagen Sie z. B. *Mutter* und dann beim Schnipsen mit dem linken Finger *Vater*. Dann ist ein/e S dran. Mit dem rechten Schnipser wiederholt er/sie das letzte Wort und mit dem linken fügt er/sie ein neues hinzu.

Beispiel:
- *Mutter, Vater*
- *Vater, Onkel*
- *Onkel, Tante*
- …

a Ihr hört zwei Kinder. Welche Familien gehören zu den Kindern?

Lösung: Hörtext 1 – Bild C, Hörtext 2 – Bild A

b Lest die drei Texte. Ordnet sie den Fotos zu.

Die S können die Zuordnung zunächst zu zweit kontrollieren, danach wird sie im Plenum besprochen.

Lösung:
A – Text über Familie von Hannes
B – Text über Emilias Familie
C – Text über Klaras Familie

7 | Meine Familie

c Was steht im Text? Kreuzt an.

> **Lösung:**
> Hannes hat eine Tante. Klara hat eine Katze. Emilia hat einen Bruder.

d Und du? Fragt und antwortet.

Die Aufgabe ist für einen Klassenspaziergang geeignet.

6 Meine Familie

Bringt Fotos mit und stellt eure Familien vor. …

Fotos von eigenen Familienmitgliedern können besonders für ein Zweiergespräch motivieren. Leistungsschwache S profitieren bei diesem Gespräch, das auch in kleinen Gruppen stattfinden kann, sehr von den leistungsstärkeren.

7 Zahlen von 13 bis 20

Wiederholen Sie am Anfang der Stunde die Zahlen 0 bis 12, indem Sie sie an der Tafel mehrfach kreuz und quer schreiben. Die in zwei Gruppen aufgeteilte Klasse stellt sich in zwei Reihen auf. Team A hat eine rote Kreide, Team B eine blaue. Nennen Sie eine Zahl. Die beiden ersten S von Team A und B laufen an die Tafel und versuchen die Zahl schnellstmöglich einzukreisen. Wer schneller ist, bekommt einen Punkt. Danach gehen sie ans Ende der Reihe und die nächsten zwei sind an der Reihe. Am Ende werden die Punkte zusammengezählt.

a Verbindet die passenden Aufgaben und Ergebnisse.

Nach dieser Vorentlastung lösen Ihre S Aufgabe a.

b–d

Im Zentrum der Übungen 7b–e stehen der Wortakzent und der lange Vokal in unbetonten Silben. Zunächst wird in 7b auf die Akzentposition in den Zahlen 13 bis 20 aufmerksam gemacht. Übung 7c dient dazu, betonte von unbetonten Silben deutlich zu unterscheiden (s. hierzu Einheit 1 und 2). In 7d können die S, unterstützt durch „Liegestützen" an der Wand, die angemessene Sprechspannung trainieren (s. hierzu in dieser Handreichung Einheit 2, Übung 8a).

e Hört die Zahlen 13 bis 19 noch einmal. Achtet nun auf das lange *e* in der unbetonten Silbe.

Die Sprechblase mit der Vokalhäufung *-zeeeehn* verdeutlicht die Aussprache des langen Vokals *e* in der unbetonten Silbe *-zehn* (s. hierzu Übung 2 in dieser Einheit). Achten Sie darauf, dass die S die unbetonte Silbe trotz langen Vokals leise und melodisch abgesetzt sprechen.

Ergänzend können Sie anhand von Beispielen der vorigen Einheiten *(wohnen, fahren, sehen)* erklären, dass das *h* nach einem Vokal auf einen langen Vokal hinweist.

f Laufdiktat: Lest und diktiert die Zahlenreihen.

Jeweils zwei S setzen sich so, dass sie die Tafel nicht sehen. Zuerst kommt A an die Tafel, merkt sich die Zahlen und diktiert sie B. Danach wechseln sie. Das Laufdiktat eignet sich besonders für Übungsphasen.

8 Zahlen-Rap 1–20

Hört zu. Singt die Zahlen mit.

Spielen Sie zur Wiederholung der Zahlen bis 20 am Anfang der Stunde das Atomspiel (s. in diesen Handreichungen Einheit 2, Aufgabe 8b).

Miniprojekt

Achten Sie bei diesem kleinen Projekt darauf, dass jedes Gruppenmitglied spricht.

Comic

Der Comic kann Grundlage sein, um über Haustiere in Deutschland und in anderen Ländern zu sprechen.

Mein Lieblingstier

„Das kann ich":	In dieser Einheit lernen die S die Bezeichnungen von Tieren auf dem Bauernhof anhand der Tierlaute kennen. Den unbetonten Schwa-Laut am Ende der Tierbezeichnungen im Plural lernen sie richtig auszusprechen. Sie können den Fotos von Haustieren kleine Lesetexte zuordnen und diesen wichtige Informationen entnehmen. Sie lernen auch Tiere im Zoo, ebenfalls im Singular und Plural, kennen. Mit Adjektiv-Antonymen wie *groß – klein, schnell – langsam* u. Ä. können sie sie beschreiben und dabei auf die Kontrastakzentuierung achten. Sie schreiben ein Tiergedicht in Form eines Elfchens und sammeln für das Miniprojekt Informationen zur Beschreibung ihres Lieblingstiers.
Wortschatz:	Tiere auf dem Bauernhof, Haustiere *(Kaninchen, Goldfisch)* Die Adjektive *schnell, langsam, klein, laut, leise, stark, schwach, dumm*
Grammatik:	Das Personalpronomen *es* Das Verb *haben + ein/eine/einen* und *haben + kein/keine/keinen*
Phonetik:	Der Schwa-Laut, die Kontrastakzentuierung

Zeichnen Sie zum Einstieg in diese Einheit den Umriss eines Bauernhofs. Dann zeichnen einige S Tiere an die Tafel, die auf einem Bauernhof leben. Wischen Sie die Tafel noch nicht ab.

 **Auf dem Bauernhof**

Die S schauen sich das Panoramabild an und vergleichen anschließend, ob sich die gleichen Tiere auch an der Tafel befinden.

a Schaut das Bild an. Welche Tiere seht ihr? Sammelt in eurer Sprache.

Lösung (mögliche Antworten):
Katze, Hund, Schaf, Kuh, Schwein, Hahn, Pferd, Esel

b, c

In den Aufgaben 2b und 2c kommen zu den Bildern die Tierlaute hinzu.

Lösung c:
1 die Kuh, 2 das Pferd, 3 die Katze, 4 der Hahn, 5 der Hund, 6 der Esel, 7 das Schwein, 8 das Schaf

d Vergleicht eure Lösungen. Zeigt auf das Tier, fragt und antwortet.

Die S vergleichen ihre Lösungen in Partnerarbeit und sprechen dann mithilfe des Panoramabildes über die Tiere.

8 | Mein Lieblingstier

2 Die Tiere

a, b

Die Pluralbildung der Tierbezeichnungen eignet sich gut für die Beschäftigung mit dem Schwa-Laut. Der Schwa-Laut ist ein leise gesprochener reduzierter e-Vokal, der nur in akzentlosen Silben auftritt, d. h., dieser Laut wird leiser als die anderen e-Laute ([e:], [ɛ:], [ɛ]) gesprochen. Er kommt in unbetonten Silben vor, wie z. B. bei den Prä- und Suffixen *be-* und *-ge,* am Ende einer Silbe *(Kühe)* und bei den Endungen *-en (Katzen)* und *-el (Esel).*

> **Lösung a:**
> Das *e* am Wortende spricht man leiser, kürzer bzw. reduziert aus.

In Übung 2b wird direkt auf die leise Aussprache des blau markierten *e* hingewiesen. Lassen Sie die S dabei in einer ersten Runde ruhig übertreiben, zum Schluss sollten sie jedoch alle Wörter ohne Übertreibung mit einem deutlichen Schwa-Laut aussprechen.

3 Karussell: Magst du Tiere?

Fragt und antwortet.

Die S fragen und antworten im Karussell. (Eine Anleitung dazu finden Sie in dieser Handreichung in Einheit 1, Aufgabe 4d.)

4 Haustiere **TIPP**

Zeichnen Sie zum Einstieg ein Haus und ein Tier an die Tafel. Fragen Sie Ihre S, was das bedeuten könnte, und erklären Sie anhand des Bildes das Wort *Haustier.*

 +

a Schaut die Fotos an. Welche Tiere seht ihr? Welche mögt ihr gern?

Fragen Sie Ihre S, welche Tiere auf den Fotos A und B abgebildet sind, und führen Sie die Wörter *Kaninchen* und *Goldfisch* mit ihren Pluralformen ein.

> **Lösung:**
> A Katze, B Hund, C Goldfisch, D Kaninchen, E Wellensittich

b Lest die Texte und ordnet die passenden Fotos zu.

Die Aufgabe kann in Still- oder Partnerarbeit gemacht werden. Erläutern Sie erst im Anschluss unbekannten Wortschatz, um die Worterschließungsstrategien Ihrer S zu fördern.

> **Lösung:**
> A Luisa hat eine Katze. …, B Anna hat einen Hund. …, C Maria hat einen Goldfisch. …, D Flora hat ein Kaninchen. …, E Julian hat zwei Wellensittiche. …

c Ergänzt die Informationen aus den Texten.

Diese Aufgabe zum selektiven Lesen erfolgt zunächst in Einzelarbeit. Weisen Sie darauf hin, dass die Fragen mit vollständigen Sätzen beantwortet werden sollen. Die S können anschließend ihre Ergebnisse zu zweit kontrollieren.

Illustrationen: Katze: Shutterstock/Sabuhi Novruzov; Haus: Shutterstock/Puckung

Lösung:

	... hat	Was frisst er/sie/es?	Wo lebt er/sie/es?
Luisa	eine Katze	Sie frisst alles.	Sie lebt im Haus.
Anna	einen Hund	Er frisst alles.	Er lebt im Haus.
Flora	ein Kaninchen	Es frisst gern Karotten.	Es lebt im Garten.

d Fragt in der Klasse. Wer hat ein Haustier?

Lassen Sie Ihre S mit Heften und Stiften einen Klassenspaziergang machen: Sie gehen herum, befragen sich gegenseitig und notieren die Antworten in ihr Heft, z. B. Anna – einen Hund.

TIPP *Variante:* Teilen Sie die Klasse in zwei oder drei Gruppen auf. Jedes Gruppenmitglied notiert eine Frage auf einer Karte, z. B. „Hast du eine Katze?" und befragt dazu alle Gruppenmitglieder. Deren Antworten werden auf der Rückseite der Karte notiert.

Fragen Sie die S, welche Informationen sie gesammelt haben, z. B. mit der Frage „Hat Marko ein Haustier?".

5 Im Zoo

a–c

Wenn Sie im Klassenzimmer einen Internetanschluss haben, spielen Sie, bevor Sie mit Aufgabe 5a beginnen, einige Tierstimmen vor und fragen Sie anschließend in der Muttersprache der S, welche Tiere das sind und wo sie leben.

Nach den Tieren auf dem Bauernhof (1a, 2) und den Haustieren (4) werden in dieser Aufgabe Tiere im Zoo vorgestellt.

Lösung a:
der Elefant, die Giraffe, der Eisbär, der Tiger, das Zebra, das Nashorn, der Pinguin, das Kamel, der Affe, das Krokodil, der Papagei

Lösung c:
Im Zoo sind 3 Elefanten, 3 Giraffen, 2 Eisbären, 2 Tiger, 3 Zebras, 2 Nashörner, 5 Pinguine, 2 Kamele, 4 Affen, 2 Krokodile und 3 Papageien.

d Welches Tier bin ich? Spielt Pantomime in der Klasse. **TIPP**

Lassen Sie die S alle Tiere, die sie bis jetzt gelernt haben, auf Zettel schreiben (ein Tier pro Zettel). Sammeln Sie die Zettel ein. Jede/r zieht einen und stellt das „gezogene" Tier pantomimisch dar. Aufgabe der anderen ist es, es zu erraten.

6 Tiger sind schnell

a, b

In dieser Übung werden Adjektive in Form von Gegensatzpaaren eingeführt. An ihnen wird die Kontrastakzentuierung geübt. Die an- und abfallenden blauen „Melodielinien" veranschaulichen, dass die Akzentsilbe bei der energischen Verneinung melodisch beträchtlich höher liegt als bei der sachlich-neutralen Satzakzentuierung.

Elefanten sind **klein**.   Nein, Elefanten sind **groß**.

8 | Mein Lieblingstier

Zuerst hören die S in 6a ein Beispiel, dann sprechen sie in 6b dialogisch nach dem Muster von 6a. Jede/r Partner/in sollte beide Dialogteile sprechen, damit jede/r die Kontrastakzentuierung üben kann.

≠ Die leistungsstarken S schlagen das Buch zu und üben die Kontrastakzentuierung beim frei produzierenden Sprechen. Die schwächeren S können sich zunächst an dem Tierkasten von Aufgabe 5d orientieren und gehen erst im nächsten Schritt zum freien Sprechen über.

7 Tiergedichte

Hört und lest das Gedicht. Schreibt dann ein ähnliches Gedicht.

Beginnen Sie die Stunde vor der Beschäftigung mit dem Elfchen mit einem Ratespiel. Stellen Sie ein Tier mit einem Beispiel vor: „Mein Tier ist klein, leise und schnell und es lebt auf dem Bauernhof. Welches Tier ist das?" Ihre S raten, um welches Tier es sich handelt. Lassen Sie dann noch einen leistungsstarken S ein anderes Tier beschreiben.

Anschließend spielen die S in 3er-Gruppen. Wer innerhalb der Gruppe das Tier zuerst errät, bekommt einen Punkt.

Nach dieser Aktivierung hören und lesen die S das Gedicht und schreiben selbst ein Elfchen. Erläutern Sie noch einmal dessen Aufbau anhand des exemplarischen Kastens zu dieser Aufgabe im SB.

Miniprojekt

Im Rahmen des Miniprojekts lesen die S zuerst beide Beispiele. Anschließend können sie allein oder zu zweit die Steckbriefe gestalten.

TIPP Wenn Sie an Ihrer Schule einen PC-Raum haben, können die S zuerst Informationen zu ihren Tieren recherchieren.

Comic

Der Comic zeigt, wie die Partnerarbeit aussieht: Schüler/in A stellt eine Aufgabe und Schüler/in B muss innerhalb einer bestimmten Zeit möglichst viele Tiere nennen. A wacht über die Einhaltung der Zeit. Richten Sie sich mit der Zeitvorgabe nach dem Leistungsniveau der S.

KLEINE PAUSE | P4

Bingo

Dieses Spiel nimmt den Lernstoff der der Einheiten 7 („Meine Familie") und 8 („Mein Lieblingstier") auf.

Bitten Sie Ihre S vor dieser Unterrichtsstunde, eine Spielfigur und einen Würfel (einen pro Spielgruppe) mitzubringen. Teilen Sie Ihre S in Zweiergruppen ein, z. B. per Losverfahren oder durch Ziehen von verschiedenfarbigen Kärtchen usw. (s. S. 41 in dieser Handreichung).

Um das Spiel wiederverwenden zu können, können für die weißen Ankreuzfelder in den „Bingo-Gittern" im Inneren des Spielfeldes von jedem/jeder S neun Sterne, Kreise, Quadrate o. Ä. aus Fotokarton gebastelt werden.

Die S entscheiden, wer mit dem Würfeln beginnt. Er/Sie liest das Tier auf dem erwürfelten Spielfeld laut vor. Beide Spieler/innen kontrollieren in ihrem Gitter, ob sich das genannte Tier unter denen seines/ihres Gitters befindet. Wenn ja, legen sie eines der gebastelten Symbole darauf. Danach ist der/die andere S dran. Wer als Erster / als Erste drei Tiere waagrecht, senkrecht oder diagonal gesammelt hat, ruft laut „Bingo!" und hat gewonnen.

≠ Haben Sie eine heterogene Gruppe, können die stärkeren S das Spiel öfter spielen, wobei sie die Bingo-Gitter untereinander tauschen. Leistungsschwächere S können (innerhalb einer 4er-Gruppe) zu zweit gegeneinander spielen und sich so gegenseitig unterstützen.

Kleine Pause mit Leo | 4

1 Leos Familie

a, b

Da Kinder in der Regel wissen, dass Katzen viele Junge haben, können Sie für die Lösung von 1a – die richtig geratene Geschwisterzahl – einen Preis ausloben.

> **Lösung b:** Leo hat 13 Brüder und 14 Schwestern.

2 Leo, Ella und Familien

Lest zuerst die Fragen. Seht den Film noch einmal und antwortet danach.

Da es drei Unterfragen sind, können Sie arbeitsteilig vorgehen. Bilden Sie drei Gruppen, die sich mit nur einer Fragestellung beschäftigen. Nach dem Sehen informieren sie sich gegenseitig.

> **Lösung:**
> Leo ist jetzt Onkel.
> Leos Bruder heißt Leo zwei.
> Leas Schwester ist 18 Jahre alt.

3 Lieblingstiere

a, b

Die S bestimmen die Reihenfolge der Bilder und die Zuordnung der Sätze. Zeigen Sie den Film noch einmal vor der Präsentation der Ergebnisse in der Gruppe / im Plenum zur Selbstkontrolle.

P4 | KLEINE PAUSE

> **Lösung a:**
> 1 Katzenbabys, 2 Leo zwei, 3 Goldfische, 4 Tiger
> **Lösung b:**
> 1 Das sind die Babys. 2 Schau mal! Der ist wie du, Leo. 3 Das sind meine Haustiere. Ich liebe Goldfische. 4 Das ist mein Lieblingstier. Der Tiger. (Reihenfolge nach a)

4 Leo und die Goldfische

Schaut das Bild an. Was <u>denkt</u> Leo hier? Was <u>sagt</u> Leo? …

Hier können die S ihrer Fantasie freien Lauf lassen. Wesentlich ist für diese Aufgabe der Bildimpuls, nicht der Film dieser „Kleinen Pause".

> **Lösung** (mögliche Antworten):
> Er sagt: Ich auch. Ich fresse gern Goldfische. – Er denkt: Lecker!

Eine Variante zu dieser Aufgabe im SB ist ein Spiel für zwei S, bei dem ein Kind Leo und das andere sich selbst spielt. Die Kinder stehen jeweils auf einer Seite eines Tisches. In der Mitte liegt ein Fisch aus Papier. Ziel des Spiels ist, dass Leo während eines Gesprächs über das Thema Familie den Fisch fängt. Das andere Kind soll den Fang verhindern, indem es schützend die Hände über den Fisch legt, sobald Leo den Fisch fangen will.

Leo fragt also den anderen S / die andere S z. B. *Hast du Geschwister?* und das Kind antwortet auf diese Frage. Geben Sie zusätzlich die Information, dass beide, Leo und sein/e Gegenspieler/in, mindestens einmal gefragt und geantwortet haben müssen, bevor Leo überhaupt einen ersten Versuch machen darf, den Fisch zu fangen.

Die Herausforderung ist es, sich gleichzeitig auf zwei Vorgänge zu konzentrieren: das Fangen und das Gespräch.

Anhang Feste

Feste feiern: Weihnachten

Die landeskundliche Einheit „Feste feiern" zeigt, wie Kinder in den DACH-Ländern das Weihnachts- und Osterfest feiern.

1 Was machen Lukas und Lotte im Advent?

a, b

In den ersten beiden Aufgaben wird der vorweihnachtliche Wortschatz gehört und in Minidialogen geübt. Die Fotos veranschaulichen die Bedeutung der neuen Wörter. Erläutern Sie sie ggf. in der Erstsprache der S.

Lösung b:
A Sterne basteln, B Kekse backen, C der Adventskalender,
D der Adventskranz

TIPP Zünden Sie jede Woche eine Kerze eines Adventskranzes an, oder bringen Sie einen Kalender mit 24 Türchen mit.

2 Wunschzettel für Weihnachten

a–c

In dieser Aufgabe wird der für kleinere Kinder typische Wunschzettel vorgestellt. Die meisten Wörter sind bekannt oder erschließbar, *Skateboard* und *Jeans* sind Internationalismen. Das *Meerschweinchen* wird durch die Illustration verständlich. In 1c setzen die S den neuen Wortschatz mit dem Schreiben eines eigenen Wunschzettels um.

i Weihnachtsbaum

Der Weihnachtsbaum ist heidnischen Ursprungs. Im Christentum symbolisierte er ursprünglich als Paradiesbaum die Vertreibung von Adam und Eva aus dem Paradies. Zugleich stand er für den Geburtstag Jesu am 25. Dezember. Erst verbreitete sich der geschmückte Weihnachtsbaum nach und nach in ganz Europa, im 20. Jahrhundert in der ganzen Welt.

3 Lotte und Lukas feiern

a–c

Beim ersten Hören werden die S mit dem weihnachtlichen Wortschatz vertraut gemacht. Nach dem Hören und Identifizieren der Wörter sollen sie aus dem Dialog heraushören, was die Kinder zu Weihnachten sagen, und die Sprechblase ergänzen.

Lösung b: Fröhliche Weihnachten!

c Hört noch einmal. Welche Wörter hört ihr? Kreuzt an.

Auch beim zweiten Hören des Dialogs ist es das Ziel, nur einzelne Wörter herauszuhören und zu markieren (selektives Hören).

Lösung: Tannenbaum, Geschenke, Kerzen

d Welche Geschenke sind für Lotte? Welche sind für Lukas?
…

Mit dem Wortschatz von Lottes und Lukas' Wunschzettel in Aufgabe 2 sollen die Geschenke auf dem Bild identifiziert und zugeordnet werden. Seite 66 im SB dient lediglich der Kontrolle.

Lösung:
Für Lotte: Fahrrad, Jeans, Meerschweinchen; für Lukas: Skateboard, Gitarre, Meerschweinchen

4 Weihnachtslied
Hört und singt mit.

Die S lernen eines der bekanntesten Weihnachtslieder singen.

TIPP Die S können in Gruppen die Bescherungssituation nachspielen. Zuvor werden die Rollen festgelegt. *Wer bist du? Was machst du?*

Anhang Feste

Feste feiern: Ostern

1 **Was machen wir zu Ostern?**
a–c

Die S hören zu und zeigen dabei auf die Fotos und bringen sie in die richtige Abfolge. Helfen Sie bei 1b mit der Struktur *zuerst, dann, am Schluss*. Da die S nicht alle Verben konjugieren können (z. B. trennbare Verben wie *ausblasen*), sollen sie keine Sätze bilden, sondern korrigieren nur die Reihenfolge. Das zweite Hören dient der Selbstkontrolle. Die Ergebnisse werden danach im Plenum verglichen.

> **Lösung b:**
> 1 Eier ausblasen, Eier bemalen, Osterstrauß schmücken; 2 Eier kochen, Eier färben, Eier ins Nest legen, Ostereier und Osternester suchen, Eier essen

 Ostern
Hasen und Eier sind Symbole für Fruchtbarkeit. Ostern ist verbunden mit dem Frühling, in dem alles Leben wieder neu erwacht. Der Brauch des Osterhasen wird schon vor 300 Jahren in der Pfalz, im Rheinland und im Elsass erwähnt.

2 **Pantomime**

Was machen wir zu Ostern? Spielt zu zweit. ...

Demonstrieren Sie die Pantomime zuerst mit einem/einer S.

 Schmücken Sie das Klassenzimmer österlich: Stellen Sie mit den S Ostereier her und hängen Sie sie an Frühlingszweige.

Eine weitere Möglichkeit: Jeden Tag darf ein/eine S ein Ei verstecken und ein anderer / eine andere das Ei suchen. Gelenkt wird der/die suchende S über die Wörter *kalt* (d. h. weit weg vom Ziel), *warm* (d. h. näher am Ziel), *heiß* (d. h. ganz nah am Ziel).

3 **Malspiel**
a, b

In Aufgabe 3a hören die S nur das fehlende Wort *Oster-* heraus.

Mit dem Malspiel in 3b werden mehrere Lernkanäle angesprochen: Zeichnen Sie zunächst den Osterhasen Schritt für Schritt an die Tafel und sprechen Sie mit, sodass die S die Bedeutung der Wörter erfassen können. Lassen Sie den Text dann mehrfach hören und dazu malen. Die mehrfache Wiederholung des kleinen Gedichts unterstützt das Auswendiglernen.

> **Lösung a:** Osterhase

4 **Fehler suchen**
a, b

Die kleinen Texte erfordern eine genaue Lektüre. Was stimmt nicht? Das richtige Wort zu finden, ist gleichzeitig eine Kontrollübung für die neu gelernten Wörtern.

> **Lösung a:**
> 1 ~~Bäumen~~, Blumen; 2 ~~drei Hunde~~, drei Hasen; 3 ~~kocht~~, bemalt; 4 ~~Osterhasen~~, Ostereier; 5 ~~Weihnachten~~, Ostern

Kopiervorlagen | **1 Ich und du**

Dialoge malen

Ergänze die Bilder. Zeichne die Person ein, die fehlt.

(Foto: Junge auf Treppe)		■ Ich heiße Mino. Und wie heißt du? • Ich heiße Vladimir. Woher kommst du? ■ Ich komme aus Frankfurt.
(Foto: Mädchen)		■ Hallo, ich heiße Emma. Und wie heißt du? • Ich heiße Luis.
(Foto: Mädchen im Gras)		■ Ich bin Tamara. Und wie heißt du? • Ich heiße Anne.

KV1

1 Ich und du | Kopiervorlagen

Hobbys

Vorbereitung: Arbeitet zu zweit. Zeichnet in jedes Feld ein Hobby. Anschließend schneidet ihr die Würfelvorlage aus und bastelt sie zu einem Würfel zusammen.

Würfelt hintereinander und sprecht zu der Würfelseite, die nach oben zeigt, über euer Hobby. Verwendet dabei *gern* oder *nicht gern*.

Beispiel:
Schüler/in 1: *Ich tanze gern.*
Schüler/in 2: *Ich schwimme nicht gern.*

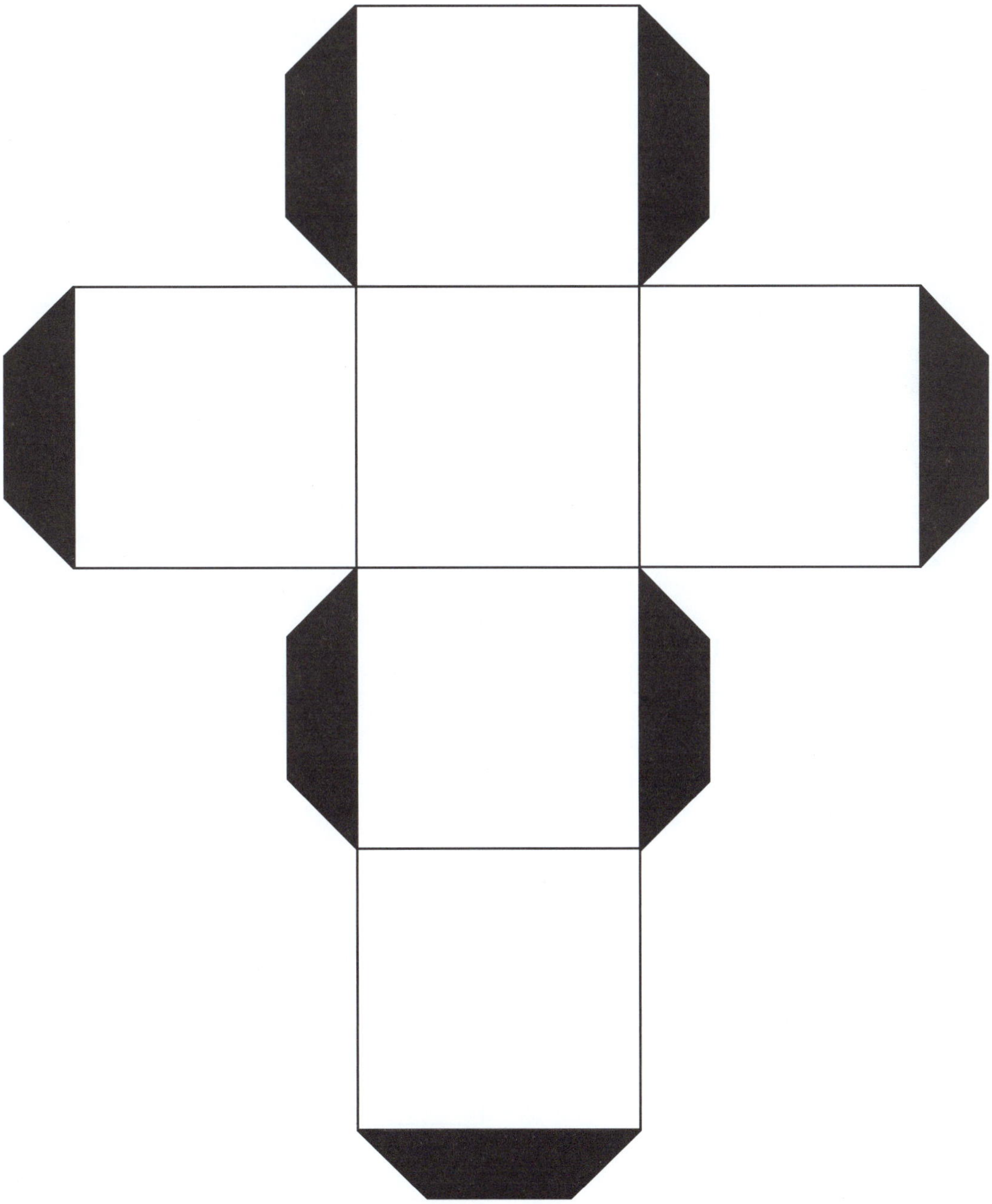

Autorin: Aleksandra Obradović
www.cornelsen.de/daf-schule

KV2

Kopiervorlagen | 2 Meine Freunde

Was macht …?

Arbeitet zu zweit. Schneidet die Kärtchen aus und legt sie verdeckt auf den Tisch.
Deckt die Kärtchen abwechselnd auf. Fragt und antwortet wie im Beispiel.

A: *Was macht Anni?*
B: *Anni spielt Gitarre.*

Autorin: Susanne Sperling
Illustrationen: Cornelsen/Marc Rueda, Niederkirchen
www.cornelsen.de/daf-schule

KV3

2 Meine Freunde | Kopiervorlagen

Spiel

Spielt zu zweit. Ihr braucht zwei Würfel und eine Schere. Schneidet die Bildkarten aus und legt sie verdeckt auf den Tisch. Der Erste / Die Erste zieht eine Karte und fragt: „Wie alt ist Lina?" Der Andere / Die Andere würfelt und sagt je nach Augenzahl:
„Sie ist … Jahre alt."

Ben	Marie	Max	Noah	Lina
Elias	Alina	Nele	Paul	Finn

Autorin: Susanne Sperling
Illustrationen: © Shutterstock/Visual Generation
www.cornelsen.de/daf-schule

KV4

Kopiervorlagen | 3 Meine Schulsachen

Was passt zusammen?

Schneidet die Kärtchen aus und legt sie verdeckt auf den Tisch. Mischt alle Kärtchen. Spielt zu dritt reihum. Jeder/Jede versucht passende Paare zu finden. Gewonnen hat, wer die meisten Paare gefunden hat.

	die Schere		der Spitzer		das Lineal
	der Füller		der Radier-gummi		das Heft
	der Kuli		der Bleistift		die Tasche
	die Feder-tasche		das Buch		der Ruck-sack

KV5

3 Meine Schulsachen | Kopiervorlagen

Das Alphabet

Arbeitet in Gruppen von drei bis vier Schülern/Schülerinnen. Jeder/Jede von euch erhält die Vorlage und schneidet die Buchstaben auf dem dunklen Hintergrund aus. Mischt die Kärtchen. Anschließend legt jeder/jede die Buchstaben in die richtige Reihenfolge. Wer von euch in der Gruppe am schnellsten ist, hat gewonnen.

Variante:
Bildet Gruppen von drei bis vier Schülern/Schülerinnen. Jeder/Jede in der Gruppe erhält eine Vorlage und schneidet *alle* Buchstaben aus. Danach mischt ihr sie. Jeder/Jede legt nun mit den Buchstaben ein Wort. Wer von euch in der Gruppe am schnellsten ein richtiges Wort gelegt hat, hat gewonnen. Danach könnt ihr noch eine oder zwei Runden spielen.

A	B	C	D	E	F
G	H	I	J	K	L
M	N	O	P	Q	R
S	T	U	V	W	X
Y	Z	E	S	M	I
C	K	E	R	T	T
Ü	L				

KV6

Kopiervorlagen | 4 Meine Schule

Spiel

Ihr spielt zu zweit. Jede/r bekommt einen Spielplan und schreibt oder zeichnet fünf Schulsachen auf fünf Felder. Ihr könnt auch die Schulsachen von Kopiervorlage 5 (KV5) ausschneiden. Dann fragt ihr euch gegenseitig nach den Gegenständen auf den Feldern.

	A	B	C	D	E
1					
2					
3					
4					
5					

Autorin: Susanne Sperling;
www.cornelsen.de/daf-schule

4 Meine Schule | Kopiervorlagen

Beispiel:

	A	B	C	D	E
1					
2		✏️		👜	
3					
4	🔧			▬	
5			📏		

Schüler/in A: *Ist A2 ein Treffer?*
Schüler/in B: *Nein, kein Treffer.* Nach einer negativen Antwort macht Schüler B mit dem Fragen weiter. Wenn es ein Treffer ist, antwortet Schüler/in B.
Schüler/in B: *Ja, ein Treffer.* Bei einer Ja-Antwort darf A weiterfragen, um welchen Gegenstand es sich handelt, z. B.:
Schüler/in A: *Ist B2 ein Treffer?*
Schüler/in B: *Ja, ein Treffer.*
Schüler/in A: *Ist B2 ein Spitzer?*
Schüler/in B: *Nein, kein Spitzer.*
Dann ist wieder Schüler/in B dran.

Kopiervorlagen | 4 Meine Schule

Schulfächer

Vorbereitung: Arbeitet zu zweit und stellt eine Drehscheibe her. Dazu schneidet ihr die Drehscheibe und den Zeiger aus und klebt beide auf eine dünne Pappe. Dann legt ihr den Pfeil auf die Scheibe und stecht mit einer dicken Nadel durch den Punkt in der Mitte des Kreises und am Ende des Pfeils (etwa 1 cm vor dem Ende). Dann weitet ihr die Löcher noch etwas und verbindet beide mit einer Musterbeutelklammer. Kreis und Pfeil dürfen nicht zu fest miteinander verbunden sein, weil sich der Pfeil sonst nicht gut drehen kann.

Spiel: Schüler/in A dreht und fragt Schüler/in B: „Magst du …?" Schüler/in A nennt das Fach, auf dem der Pfeil zum Stehen kommt.

Beispiel:
Schüler/in A: *Magst du Kunst?*
Schüler/in B: ☺ *Ja, ich mag Kunst. Kunst ist toll.* ODER:
                ☹ *Nein, ich mag Kunst nicht. Kunst ist blöd.*

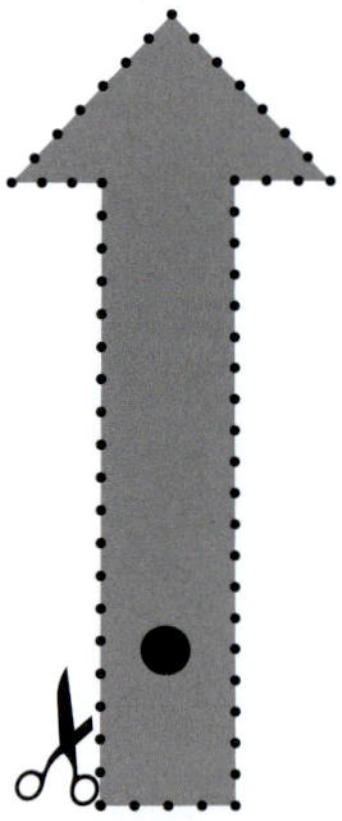

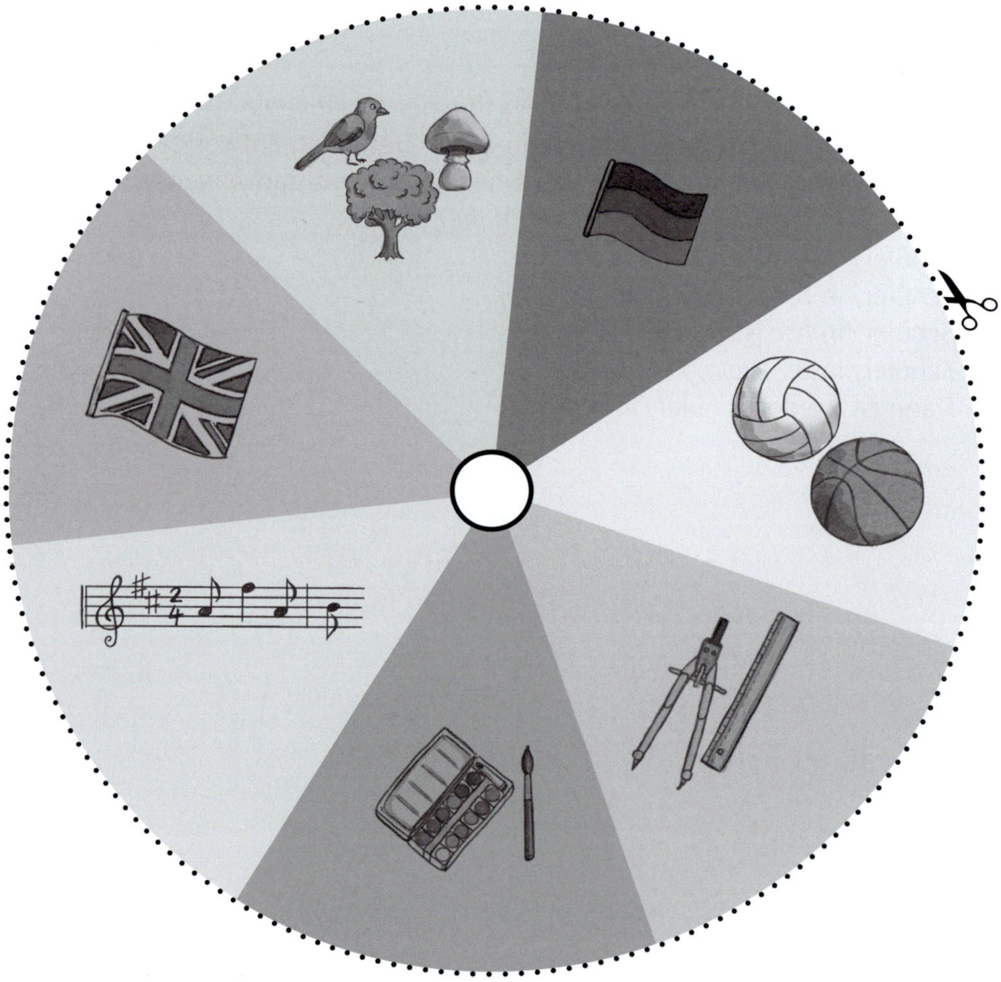

Autorin: Susanne Sperling
Illustrationen: Cornelsen Verlag/Berlin, Ulla Mersmeyer
www.cornelsen.de/daf-schule

KV8

5 Meine Woche | Kopiervorlagen

Wochentage

Frage deinen Nachbarn / deine Nachbarin zu allen Wochentagen. Mach dir dazu in jedem Feld Notizen. Dann wechselt ihr. Anschließend trägst du im Klassenzimmer die Aktivitäten deines Nachbarn / deiner Nachbarin von Montag bis Freitag vor.

Beispiel:
A: *Was machst du am Montag?*
B: *Am Montag lese ich Comics.*
A notiert „Comics lesen" und fragt weiter. *Was machst du am Dienstag?*
B: *Am Dienstag spiele ich Computerspiele.*
A notiert „Computerspiele spielen" usw.

Name	Montag	Dienstag	Mittwoch	Donnerstag	Freitag

Autorin: Aleksandra Obradović
www.cornelsen.de/daf-schule

KV9

Kopiervorlagen | 5 Meine Woche

Einen Wochenplan singen

Arbeitet in Gruppen. Was macht ihr Montag bis Freitag? Schreibt Aktivitäten in die Lücken. Singt anschließend zusammen.

Was machst du am Wochenende?
Was tust du am Wochenende?
Was machst du am Wochenende?
Was tust du?
Was machst du?

Montag, jeden Montag – _____.

Dienstag, jeden Dienstag – _____.

Mittwoch, jeden Mittwoch – _____.

Donnerstag und Freitag – _____.

Doch dann ist Wochenende, Wochenende, Wochenende, Wochenende!

Montag, jeden Montag – _____.

Dienstag, jeden Dienstag – _____.

Mittwoch, jeden Mittwoch – _____.

Donnerstag und Freitag – _____.

Doch dann ist Wochenende, Wochenende, Wochenende, Wochenende!

Autorin: Aleksandra Obradović; Lied: Samuel Reißen
www.cornelsen.de/daf-schule

KV10

6 Das esse ich gern | Kopiervorlagen

Spiel

Spielt zu dritt. Schneidet die Bilder aus. Legt sie verdeckt aufeinander. Dann zieht reihum ein Bild und fragt wie im Beispiel. Das Spiel endet, wenn ihr alle Bilder aufgedeckt habt.

Beispiel:
A: *Anna, magst du Brot?*
B: *Ja, ich mag Brot. (B zieht neue Karte)*
B: *Ben, magst du Käse?*
C: *Nein, ich esse nicht gern Käse. (C zieht neue Karte)*
C: *Julia, magst du …*
A: *Ja, ich …*

KV11

Kopiervorlagen | 6 Das esse ich gern

Fragen und antworten

Spielt in 3er-Gruppen. Jede Gruppe erhält einen Würfel, drei Spielfiguren, eine Spielvorlage KV 12a und die Vorlage KV 12b. Würfelt reihum und setzt eure Spielfigur auf das gewürfelte Feld. Bearbeitet die Aufgabe auf dem Feld.

START	Beantworte Frage 1.	Frage 1.
		Ergänze Satz 1.
Zurück zum Start!	Ergänze Satz 2.	Frage 2.	Beantworte Frage 2.
Beantworte Frage 3.			
Frage 3.	Ergänze Satz 3.	Beantworte Frage 4.	Zurück zum Start!
			Frage 4.
	ZIEL		Ergänze Satz 4.

Autorin: Aleksandra Obradović
Illustrationen: Cornelsen/Marc Rueda, Niederkirchen
www.cornelsen.de/daf-schule

KV12a

6 Das esse ich gern | Kopiervorlagen

Beantworte die Frage:

1. Was machst du am Montag?
2. Was isst du zum Frühstück?
3. Was trinkst du zum Frühstück?
4. Triffst du gern Freunde?

Frage deinen Nachbarn/deine Nachbarin:

1. Was isst du gern?
2. Was trinkst du gern?
3. Was machst du am Wochenende?
4. Spielen wir heute Basketball?

Ergänze den Satz:

1. Ich esse gerne _____

    und _____.

2. Mia trinkt _____ zum Frühstück.

3. Am Montag fahre ich _____.

4. Am Dienstag gehe ich ins _____.

Autorin: Aleksandra Obradović; Fotos: © Fotolia: Gummibären: emuck; Schokolade: fotoatelie; Milch: sommai; Fahrrad: picture factory; Kino: JackF
www.cornelsen.de/daf-schule

KV12b

Kopiervorlagen | 7 Meine Familie

Spiel

Spiel mit deinem Nachbarn / deiner Nachbarin. Schneidet die Kärtchen aus, legt sie übereinander und sprecht über eure Familie.

Beispiel:
A zieht das Kärtchen „Cousine".
Er/Sie sagt: *Meine Cousine heißt Giulia. Sie kommt aus Italien. Sie joggt gern.*

die Oma	der Opa	die Schwester
die Mama	der Papa	der Bruder
die Tante	der Onkel	der Cousin
die Familie	die Cousine	

Autorin: Aleksandra Obradović
www.cornelsen.de/daf-schule

KV13

7 Meine Familie | Kopiervorlagen

Eine Familie

Sechs Schüler/Schülerinnen bekommen je einen Streifen. Jede/r stellt sich damit in der Klasse vor. Alle anderen in der Klasse bekommen die Vorlage mit den leeren Feldern und tragen dort ein, wie die Mama heißt, wie der Papa heißt usw.

Ich habe eine Schwester. Sie heißt Lucy. Sie ist 7 Jahre alt. Mein Vater heißt Klaus und kommt aus der Schweiz.
Ich habe zwei Kinder: Lucy und Paul. Meine Mutter heißt Steffi und mein Vater heißt Konrad. Sie sind alt.
Meine Mama heißt Klara. Ich habe einen Bruder. Er heißt Paul und ist 10 Jahre alt.
Ich bin Klaus. Ich habe zwei Kinder. Ich komme aus der Schweiz.
Ich habe eine Tochter. Sie heißt Klara. Klara hat zwei Kinder.
Ich habe eine Tochter Klara. Klaras Kinder besuchen uns oft.

Wer spricht? Setze die Namen ein.

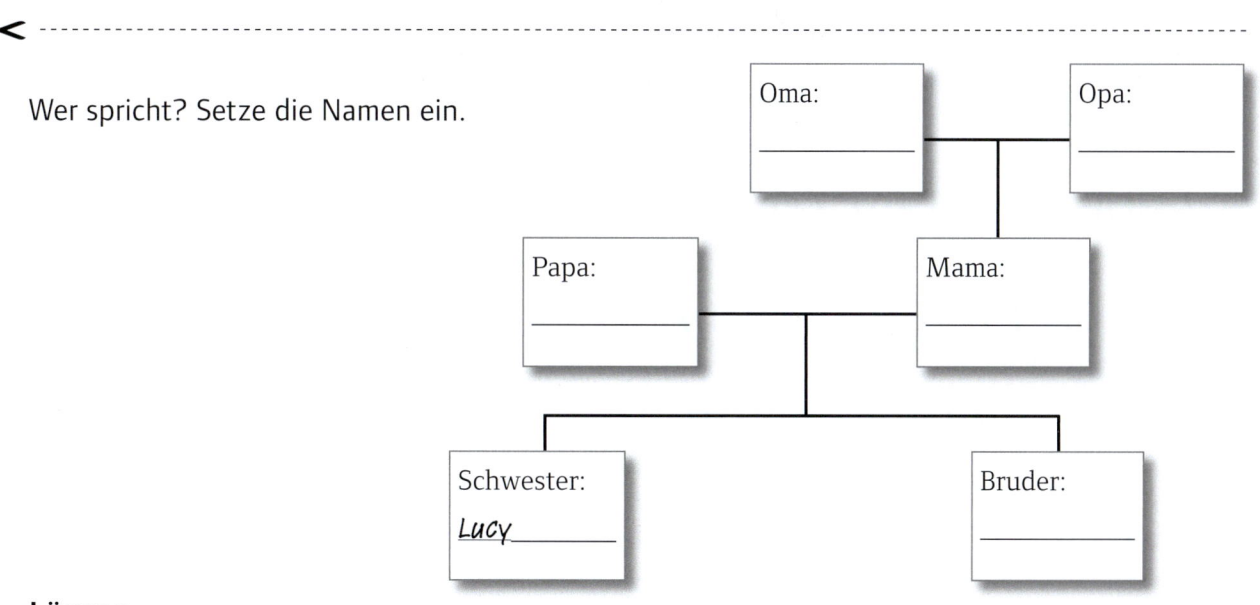

Lösung

Paul	Ich habe eine Schwester, sie heißt Lucy. Sie ist 7 Jahre alt. Mein Vater heißt Klaus und kommt aus der Schweiz.
Klara	Ich habe zwei Kinder: Lucy und Paul. Meine Mutter heißt Steffi und mein Vater heißt Konrad. Sie sind alt.
Lucy	Meine Mama heißt Klara. Ich habe einen Bruder. Er heißt Paul und ist 10 Jahre alt.
Klaus	Ich bin Klaus. Ich habe zwei Kinder. Ich komme aus der Schweiz.
Steffi	Ich habe eine Tochter, sie heißt Klara. Klara hat zwei Kinder.
Konrad	Ich habe eine Tochter Klara. Klaras Kinder besuchen uns oft.

Autorin: Aleksandra Obradović
www.cornelsen.de/daf-schule

KV14

Kopiervorlagen | 8 Mein Lieblingstier

Ja oder nein?

Spielt zu viert. Schneidet die Fragen aus und legt sie verdeckt auf den Tisch. Einer/ Eine zieht eine Frage und liest sie vor. Sucht die passende Antwort auf der Vorlage. Wer zuerst richtig antwortet, bekommt einen Punkt.

Antworten:

Ja, ich habe einen Hund.
Nein, ich habe keine Katze.
Nein, ich habe keinen Wellensittich.
Ja, eine Kuh frisst Gras.
Nein, ein Esel lebt auf dem Bauernhof.
Ja, Elefanten leben im Zoo.

Ja, Goldfische leben im Aquarium.
Ja, ein Hahn lebt auf dem Bauernhof.
Nein, Giraffen sind groß
Ja, Kaninchen fressen Karotten.

| Hast du einen Hund? |
| Hast du eine Katze? |
| Hast du einen Wellensittich? |
| Frisst eine Kuh Gras? |
| Leben Esel im Zoo? |
| Leben Elefanten im Zoo? |
| Leben Goldfische im Aquarium? |
| Lebt ein Hahn auf dem Bauernhof? |
| Sind Giraffen klein? |
| Frisst ein Kaninchen gern Karotten? |

Autorin: Heike Krüger-Beer
www.cornelsen.de/daf-schule

KV15

8 Mein Lieblingstier | Kopiervorlagen

Tiere

Arbeitet in 3er-Gruppen. Jede Gruppe erhält eine Vorlage. Sucht euch aus dem Bild ein Tier aus. Schreibt so viele Sätze zu dem Tier wie euch einfallen. Tauscht dann die Blätter mit einer anderen Gruppe und findet heraus, um welches Tier es sich handelt.

Beispiel:

Das Tier ist kein Haustier.

Es lebt im Zoo und frisst gern Gras.

Es ist leise.

Es ist schnell.

(Lösung: Das Tier ist ein Zebra.)

Autorinnen: Aleksandra Obradović, Heike Krüger-Beer
Illustration: Cornelsen Verlag/Berlin, Ulla Mersmeyer
www.cornelsen.de/daf-schule

KV16

Test | **1 Ich und du**

Name _____ Datum _____

Punkte gesamt _____ | 15

1 Welches Bild passt? Hör die Dialoge und trag die Zahlen 1 bis 4 ein.
81 Du hörst die Dialoge zweimal.

☐  ☐  ☐  ☐

___ | 4

2 Ergänze die Wörter in den Fragen.

Was – Wie – Wie – Woher – Wo

1. ■ _____ heißt du? ● Ich heiße Luisa.
2. ■ _____ kommst du? ● Ich komme aus Hamburg.
3. ■ _____ wohnst du? ● Ich wohne in Berlin.
4. ■ _____ geht es dir? ● Gut.
5. ■ _____ machst du gern? ● Ich singe gern.

___ | 5

3 Ergänze die Wörter.

spiele – kommst – gern – komme – bin – wohne

Ich heiße Ali.

Ich _____ aus Berlin.

Woher _____ du?

Ich _____ Luisa.

Ich _____ in Köln.

Ich singe _____.

Ich _____ gern Fußball.

___ | 6

Test 1

2 Meine Freunde | Test

Name _____ Datum _____

Punkte gesamt _____ | 15

1 Was macht das Kind gern / nicht gern? Ordne die Sätze den Bildern zu.

A ☐   B ☐   C [1]   D ☐   E ☐

1. Willi spielt nicht gern Fußball.
2. Nina spielt gern Computerspiele.
3. Sofie spielt nicht gern Gitarre.
4. Nick telefoniert gern.
5. Paula spielt gern Basketball.

___ | 4

2 Wie viele … sind das? Schreib die Zahl als Wort.

A    B    C    D    E    F

eins   _____   _____   _____   _____   _____

___ | 5

3 Jonas und Laura. Ergänze die Wörter.

~~heiße~~ – lacht – ist – Computer – meine – Sport – alt

Hallo, ich _heiße_ Jonas.

Ich bin 9 Jahre _____ .

Mein Hobby ist der _____ .

Das ist Laura.

Sie ist _____ Freundin.

Sie ist lustig. Sie _____ gern.

Sie macht auch gern _____ .

Sie _____ sportlich.

___ | 6

Test 2

Test | 3 Meine Schulsachen

Name _____ Datum _____

Punkte gesamt _____ | 15

1 Hör zu. Welche Schulsachen hörst du? Kreuze an. Du hörst zweimal.
82

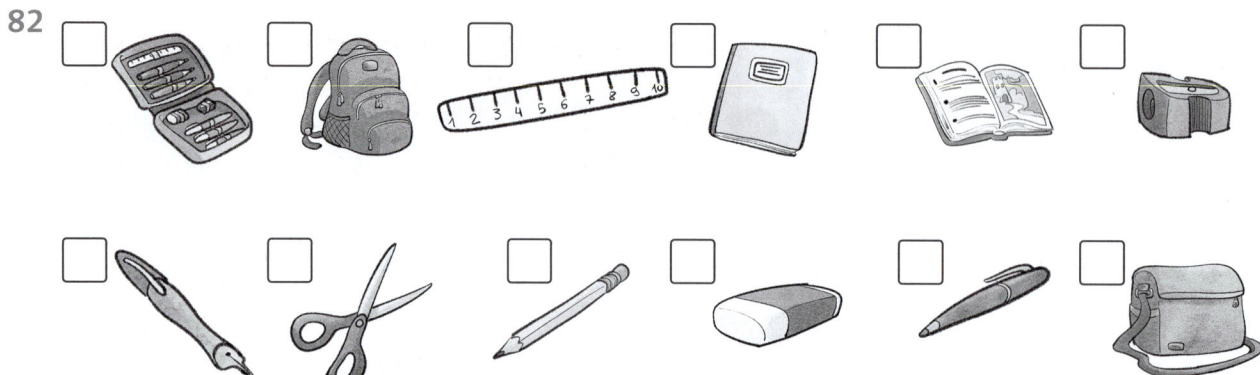

___ | 6

2 Was passt? Lies und ergänze die Sätze.

schreibt – leicht – Hier – sind

■ Wo _____ die Hefte?

● _____ sind die Hefte.

■ Wie _____ man das?

● Das ist _____. Das schreibt man H E F T E.

___ | 4

3 Viele Schulsachen. Schreib mindestens 5 Schulsachen im Plural auf.

die Hefte,

_____

_____

___ | 5

Autorin: Julia Stander
Illustrationen: Cornelsen/Marc Rueda, Niederkirchen
www.cornelsen.de/daf-schule

Test 3

4 Meine Schule | Test

Name _____ Datum _____

Punkte gesamt _____ | 15

1 Welches Schulfach ist das? Schreibe die Fächer zu den Bildern.

1. _____ 4. _____

2. _____ 5. _____

3. _____

_____ | 5

2 Ist das ein/eine … ? Sind das … ? Ergänze die Sätze wie im Beispiel.

■ Ist das ein Heft?

● Nein, *das ist kein Heft. Das ist ein Spitzer.*

1. ■ Ist das ein Heft?
   ● Nein, _____

2. ■ Ist das ein Spitzer?
   ● Nein, _____

3. ■ Sind das Buntstifte?
   ● Nein, _____

_____ | 3

3 Pauls Schule. Lies die Sätze und ergänze die drei Wörter rechts. Ordne danach die Bilder zu.

 A  B  C  D

1. Ich bin Paul. Das ist meine Schule.

2. Das ist meine Klasse. Wir sind zehn _____ und zwölf Mädchen.

3. Wir haben Musik. Der _____ heißt Herr Kleber. Er spielt gern Gitarre.

4. Wir haben Sport. Ich _____ Sport. Sport ist toll.

mag –
Lehrer –
Jungen

_____ | 7

Test 4

Test | 5 Meine Woche

prima Los geht's!
A1 Deutsch für Kinder

Name _____ Datum _____

Punkte gesamt _____ | 15

1 Lottes Wochenplan. Hör zu und ergänze die fehlenden Wörter. Du hörst zweimal.
83

1 Montag
Mathe lernen!

2 _____
Test

3 _____
Freunde treffen

4 _____
Fußball spielen

5 Freitag
Oma und Opa besuchen!

6 Sonntag
_____

___ | 5

2 Hobbys. Ordne zu.

1 Musik hören – 2 Freunde treffen – 3 Hausaufgaben machen – 4 Filme sehen

 A
 B
 C
 D

___ | 4

3 Ergänze die Sätze. Achte auf die richtigen Formen.

Liest du gern Comics? _Ja, ich lese gern Comics._ (lesen)

1. ■ _____ du gern Rad? ● Nein, ich _____ nicht gern Rad. (fahren)
2. ■ _____ du gern Freunde? ● Ja, ich _____ gern Freunde. (treffen)
3. ■ _____ du gern Filme? ● Ja, ich _____ gern Filme. (sehen)

___ | 6

Test 5

6 Das esse ich gern | Test

Name _____ Datum _____

Punkte gesamt _____ | 15

1 Hör zu. Welche Nahrungsmittel hörst du? Kreuze an. Du hörst zweimal.

84

___ | 6

2 Was passt? Ordne die Bilder den Fragen und Sätzen zu.

A    B    C

1. Ich trinke gern Tee.   2. Magst du Honig?   3. Max trinkt sehr gern Saft.

___ | 3

3 Lies das Gespräch. Ergänze die richtigen Verbformen von essen.

esse – esst – essen – isst – isst – isst

■ Was _____ du gern zum Frühstück?

● Ich _____ gern Brötchen.

■ Was essen Sarah und Tom gern?

● Sarah _____ gern Müsli. Tom _____ gern Erdbeeren.
  Wir _____ auch gern Süßigkeiten.

■ Was _____ ihr nicht gern?

● Zitronen.

___ | 6

Test 6

Test | 7 Meine Familie

Name _____ Datum _____

Punkte gesamt _____ | 15

1 Luisas Familie. Hör zu und trage die Zahlen 1 bis 5 ein. Du hörst zweimal.

A B C D E

___ | 5

2 Wie viel ist das? Schreibe die passenden Ergebnisse zu den Aufgaben.

elf – vierzehn – ~~fünfzehn~~ – sechzehn – neunzehn – zwanzig

1. 10 + 5 = _fünfzehn_
2. 8 + 11 = _____
3. 10 + 10 = _____

4. 12 + 2 = _____
5. 13 + 3 = _____

___ | 4

3 Ergänze die richtigen Formen.

eine – eine – mein – ~~meine~~ – einen – einen – keine

Meine Familie ist groß.

Das sind _meine_ Mama und _____ Papa.

Ich habe _____ Schwester und _____ Bruder.

Wir haben _____ Hund.

Meine Großeltern haben _____ Katze.

Sie ist total verrückt.

Meine Familie ist klein.

Ich habe _____ Geschwister.

___ | 6

8 Mein Lieblingstier | Test

Name _____ Datum _____

Punkte gesamt _____ | 15

1 Wie heißen die Tiere? Schreibe die Wörter im Singular und im Plural auf.

1.  _der Hund_, _die Hunde_   4.  _____, _____

2. _____, _____   5.  _____, _____

3. _____, _____   6.  _____, _____

___ | 5

2 Gegensätze. Ergänze die fehlenden Wörter (Adjektive).

1. richtig ≠ _falsch_   3. stark ≠ sch_____   5. schnell ≠ lan_____

2. groß ≠ kl_____   4. laut ≠ l_____

___ | 4

3 Haustiere. Lies die Texte und ergänze die Sätze.

~~Haustier~~ – einen – Park – spazieren

Mein _Haustier_ ist ein Hund. Er heißt Oskar.

Er frisst alles, auch Schokolade.

Wir gehen oft _____. Oskar spielt gern im _____.

Hast du auch _____ Hund?

lebt – hat ein – Garten

Meine Schwester _____ Kaninchen. Es heißt Mimi.

Es _____ im Haus.

Aber es spielt gern im _____.

___ | 6

Autorin: Julia Stander

Test 8

Test | **Einheit 1 bis 8: Gesamttest**

prima Los geht's!
A1 Deutsch für Kinder

Name _____ Datum _____

Punkte gesamt _____ | 30

1 Leon ist neu. Eine Lehrerin stellt die Schule vor. Hör zu und ordne die Fotos zu.
86 Trage die Zahlen 1 bis 7 ein. Du hörst zweimal.

___ | 6

2 Was passt zusammen? Verbinde zu Sätzen.

1 Mein Lieblingsfach ist   A Freunde?
2 Woher   B Saft und Wasser.
3 Mathematik ist   C kommst du?
4 Wir trinken gern   D Kino?
5 Jon und Theo fahren gern   E Deutsch.
6 Arno isst gern   F Rad.
7 Trefft ihr gern   G Erdbeeren.
8 Gehst du gern ins   H langweilig.

___ | 7

Autorin: Julia Stander; Fotos: © Shutterstock: A: Syda Productions; B: giedre vaitekune; C: gpointstudio; D: wavebreakmedia; E: SpeedKingz; F: MandicJovan; G: wavebreakmedia; www.cornelsen.de/daf-schule

Gesamttest

Einheit 1 bis 8: Gesamttest | Test

3 Emmi hat keine Zeit. Ergänze die Verben in der richtigen Form.

Meine Freundin _heißt_ (heißen) Emmi. Emmi hat keine Zeit.

Am Montag _____ (spielen) sie Klavier.

Am Dienstag _____ (lesen) sie Comics.

Am Mittwoch _____ (machen) sie Hausaufgaben.

Am Donnerstag _____ (sehen) sie Filme.

Am Freitag _____ (fahren) sie Rad.

Am Samstag _____ (treffen) sie Freunde.

Am Sonntag _____ (besuchen) sie Oma und Opa.

___ | 7

4 Wer bist du? Schreib einen Text. Schreib mindestens 5 Sätze.

Wie heißt du? Wo wohnst du? Wie alt bist du? Was machst du gern?
Was ist dein Lieblingsfach? Was ist dein Lieblingstier?

_____

_____

_____

_____

_____

_____

___ | 10

Autorin: Julia Stander
Fotos: Shutterstock/Alinute Silzeviciute
www.cornelsen.de/daf-schule

Gesamttest

Lösungen Tests

E 1 | Ich und du

Test 1

1. 2 – 4 – 3 – 1
2. 1. Wie, 2. Woher, 3. Wo, 4. Wie, 5. Was
3. Ich komme aus Berlin. Woher kommst du? Ich bin Luisa. Ich wohne in Köln. Ich singe gern. Ich spiele gern Fußball.

E 2 | Meine Freunde

Test 2

1. 2D – 3B – 4E – 5A
2. B: zwei, C: zehn, D: sechs, E: drei, F: elf
3. Ich bin 9 Jahre alt. Mein Hobby ist der Computer. Sie ist meine Freundin. Sie lacht gern. Sie macht auch gern Sport. Sie ist sportlich.

E 3 | Meine Schulsachen

Test 3

1. die Federtasche, das Heft, das Buch, die Schere, der Radiergummi, der Kugelschreiber
2. Wo sind die Hefte? Hier sind die Hefte. Wie schreibt man das? Das ist leicht.
3. (Mögliche Lösungen:) die Bücher, die Hefte, die Buntstifte, die Bleistifte, die Kulis, die Federtaschen, die Scheren, die Radiergummis, die Lineale, die Spitzer, die Füller

E 4 | Meine Schule

Test 4

1. 1. Mathematik, 2. Musik, 3. Englisch, 4. Sachkunde, 5. Kunst
2. 1. Nein, das ist kein Heft. Das ist ein Radiergummi. 2. Nein, das ist kein Spitzer. Das ist eine Schere. 3. Nein, das sind keine Buntstifte. Das sind Lineale.
3. Wir sind zehn Jungen und zwölf Mädchen. 3. Der Lehrer heißt Herr Kleber. 4. Ich mag Sport. 1B, 2D, 3A, 4C

E 5 | Meine Woche

Test 5

1. 2 Dienstag, 3 Mittwoch, 4 Donnerstag, 5 ins Kino gehen, 6 Rad fahren
2. A4, B3, C1, D2
3. 1. Fährst – fahre, 2. Triffst – treffe, 3. Siehst – sehe

E 6 | Das esse ich gern!

Test 6

1. das Brötchen, das Wasser, der Honig, die Butter, der Saft, der Käse
2. 1B, 2C, 3A
3. Was isst du gern zum Frühstück? Ich esse gern Brötchen. Sarah isst gern Müsli. Tom isst gern Erdbeeren. Wir essen auch gern Süßigkeiten. Was esst ihr nicht gern?

E 7 | Meine Familie

Test 7

1. 1A, 2D, 3E, 4B, 5C
2. 2. neunzehn, 3. zwanzig, 4. vierzehn, 5. sechzehn
3. Das sind meine Mama und mein Papa. Ich habe eine Schwester und einen Bruder. Wir haben einen Hund. Meine Großeltern haben eine Katze. Ich habe keine Geschwister.

E 8 | Mein Lieblingstier

Test 8

1. 2. das Schwein, die Schweine; 3. die Katze, die Katzen; 4. der Hahn, die Hähne; 5. die Kuh, die Kühe; 6. das Pferd, die Pferde
2. 2. klein, 3. schwach, 4. leise, 5. langsam
3. Wir gehen oft spazieren. Oskar spielt gern im Park. Hast du auch einen Hund? Meine Schwester hat ein Kaninchen. Es lebt im Haus. Aber es spielt gern im Garten.

E 1–8

Gesamttest

1. 1A, 2B, 3F, 4E, 5D, 6G, 7C
2. 2C, 3H, 4B, 5F, 6G, 7A, 8D
3. Am Montag spielt sie Klavier. Am Dienstag liest sie Comics. Am Mittwoch macht sie Hausaufgaben. Am Donnerstag sieht sie Filme. Am Freitag fährt sie Rad. Am Samstag trifft sie Freunde. Am Sonntag besucht sie Oma und Opa.
4. (Mögliche Lösung:) Ich heiße Luisa und bin 10 Jahre alt. Ich wohne in Berlin. Ich male und singe gern. Aber ich mache auch gern Sport. Meine Lieblingsfächer sind Mathematik und Deutsch. Ich habe auch einen Hund. Hunde sind süß.

Hörtexte

Hörtexte Tests

E 1 | Ich und du

Test 1

Track 81 Aufgabe 1

Welches Bild passt? Hör die Dialoge und trag die Zahlen 1 bis 4 ein. Du hörst die Dialoge zweimal.

1. Emil: Wie geht's?
   Lotte: Schlecht!
2. Lotte: Tschüs! Viel Spaß!
   Emil: Bis später, Lotte!
3. Mia: Was machst du gern?
   Lukas: Ich spiele gern Basketball.
4. Tom: Guten Morgen, ich bin Tom.
   Lehrer: Herzlich Willkommen, Tom.

E 3 | Meine Schulsachen

Test 3

Track 82 Aufgabe 1

Hör zu. Welche Schulsachen hörst du? Kreuze an. Du hörst zweimal.

1. die Federtasche
2. das Heft
3. das Buch
4. die Schere
5. der Radiergummi
6. der Kugelschreiber

E 5 | Meine Woche

Test 5

Track 83 Aufgabe 1

Lottes Wochenplan. Hör zu und ergänze die fehlenden Wörter. Du hörst zweimal.

Heute lernt Lotte Mathe. Morgen ist Dienstag. Am Dienstag schreibt sie einen Test. Am Mittwoch trifft sie Freunde. Am Donnerstag spielt sie Fußball. Am Freitag gehen wir zusammen ins Kino und besuchen Oma und Opa. Am Wochenende fahren wir Rad.

E 6 | Das esse ich gern

Test 6

Track 84 Aufgabe 1

Hör zu. Welche Nahrungsmittel hörst du? Kreuze an. Du hörst zweimal.

1. das Brötchen
2. das Wasser
3. der Honig
4. die Butter
5. der Saft
6. der Käse

E 7 | Meine Familie

Test 7

Track 85 Aufgabe 1

Luisas Familie. Wer ist das? Hör zu und trage die Zahlen 1 bis 5 ein. Du hörst zweimal.

1. Hallo, ich bin Luisa. Das sind meine Eltern.
2. Das sind meine Großeltern.
3. Das ist mein Bruder Alex.
4. Das sind meine Tante, mein Onkel und mein Cousin.
5. Das ist meine Schwester Sofie.

E 1–8

Gesamttest

Track 86 Aufgabe 1

Leon ist neu. Eine Lehrerin stellt die Schule vor. Hör zu und ordne die Fotos zu. Trage die Zahlen 1 bis 7 ein. Du hörst zweimal.

1. Guten Morgen, Leon! Herzlich willkommen. Ich bin Frau Kerner, deine Lehrerin.
2. Das ist deine Schule. Die Erich-Kästner-Schule.
3. Hier sind die Lehrer. Da ist auch Herr Sanders. Er ist dein Englischlehrer.
4. Hier esst und trinkt ihr. In der Pause triffst du hier deine Freunde.
5. Das ist die Turnhalle. Hier hast du Sport. Bist du sportlich?
6. Hier sind die Computer. Die Mädchen und Jungen lernen hier am Computer.
7. Jetzt gehen wir in deine Klasse und du triffst die anderen Kinder. Ihr habt jetzt Mathematik. Bis später, Leon!

Hörtexte

Hörtexte Schülerbuch

Vormodul: Los geht's

Track 1
Copyright

Track 2 Aufgabe 1 b
Lukas: Hallo! Ich bin Lukas.
Lotte: Und ich bin Lotte.
Emil: Hey! Ich bin Emil.
Mia: Ich bin Mia. Wer bist du?

Track 3 Aufgabe 2 a
Emil: Ich bin Emil. Wer bist du?
Lukas: Ich bin Lukas.
Emil: Wo wohnst du?
Lukas: Ich wohne in Berlin. Und wo wohnst du?
Emil: Ich auch.

Track 4 Aufgabe 3

> Lied **Hallo! Wer bist du?** siehe Schülerbuch, S. 7

Track 5 Aufgabe 4 b
Emil: Wie geht's?
Lotte: Schlecht!
Lukas: Gut!
Mia: Super! Prima!

Track 6 Aufgabe 4 d
● Hallo, wie geht's?
■ Danke, super.
● Na, wie geht's?
■ Danke, gut!
● Na, wie geht's? Schlecht?
Lukas, Emil, Mia, Lotte: Prima! Super! Klasse! Gut!

Track 7 Aufgabe 5 b
Wecker klingelt
● Guten Morgen!
■ Hm, guten Morgen!

Schulglocke läutet
● Guten Tag!
■ Guten Tag!

Türklingel
● Guten Abend!
■ Guten Abend!

Track 8 Aufgabe 5 c
Guten Morgen! Guten Tag! Guten Abend!

Track 9 Aufgabe 5 d
Wecker, Schulglocke, Türklingel, Schulglocke, Wecker, Schulglocke, Türklingel

Track 10 Aufgabe 6 a
Emil: Hallo, Mia!
Mia: Hallo, Emil!

Emil: Tschüs, Mia!
Mia: Tschüs, Emil!

Lukas: Guten Tag!
● Guten Tag, Lukas!

Lukas: Auf Wiedersehen!
● Auf Wiedersehen!

Einheit 1: Ich und du

Track 11 Aufgabe 1 b
Lukas: Hey, Mia! Spielst du Basketball?
Mia: Ja, klar!

● Guten Morgen, Frau Becker!
■ Guten Morgen, Herr Müller! Wie geht's?
● Prima, danke!

Schulklingeln
Lotte: Tschüs! Viel Spaß!
Emil: Bis später, Lotte!

Track 12 Aufgabe 2 a
● Guten Morgen. Ich bin Herr Müller. Wer bist du?
■ Tom: Guten Morgen! Ich bin Tom.
● Herzlich Willkommen, Tom!

Track 13 Aufgabe 3
● Guten **Mor**gen! Wie **geht's**?
■ **Pri**ma, **dan**ke!
● Bis **spä**ter!
■ **Tschüs.** Viel **Spaß**!

Track 14 Aufgabe 4 b
Luisa: Hallo, ich bin Luisa.

Maria: Ich bin Maria. Und wie heißt du?
Ali: Ich heiße Ali.

Ben: Ich heiße Ben. Und wie heißt du?
Moritz: Ich heiße Moritz.

Ben: Woher kommst du?
Moritz: Ich komme aus Köln.

Hörtexte

Track 15 Aufgabe 4 d
Ali: Hey du, hör mir zu! Ich heiße Ali. Und wie heißt du?
Maria: Ich heiße Maria.

Track 16 Aufgabe 4 e
● Hey du, hör mir zu! Ich komme aus Berlin. Woher kommst du?
■ Ich komme aus Hamburg.

Track 17 Aufgabe 5
Lukas: Hallo, Tom! Woher kommst du?
Tom: Ich komme aus Hamburg.
Lukas: Wohnst du jetzt hier?
Tom: Ja.

Track 18 Aufgabe 6 a
Hockey, Basketball, Singen, Fußball, Schwimmen, Tischtennis

Track 19 Aufgabe 6 b
Ich singe gern. Ich schwimme gern. Ich spiele gern Fußball. Ich spiele gern Hockey. Ich spiele gern Basketball. Ich spiele gern Tischtennis.

Track 20 Aufgabe 6 c
Mia: Was machst du gern?
Emil: Ich tanze gern.
Mia: Cool! Ich auch.

Emil: Was machst du gern?
Mia: Ich male gern.
Emil: Echt? Ich male nicht gern.

Track 21 Aufgabe 7
> Lied **Was machst du gern?**
> siehe Schülerbuch, S. 14

Einheit 2: Meine Freunde

Track 22 Aufgabe 1
Mia: Hallo, Lotte!
Lukas: Wer ist das?
Lotte: Das ist Mia. Sie ist meine Freundin.

Mia: Das ist Tom. Er ist mein Freund.
Emil: Hey, Tom! Ist das dein Hund?
Tom: Ja. Er heißt Socke. Er ist lieb.
Mia + Emil: Wie süß!
Hundebellen

Track 23 Aufgabe 3
Ich bin **To**mas. Ich bin **sport**lich. Das ist Ma**ri**a. Sie ist **lus**tig. Das ist **So**cke. Er ist **süß**.

Track 24 Aufgabe 5
Leonie macht Karate. Oskar spielt Computerspiele. Aaron spielt Tennis. Emma spielt Gitarre. Timo telefoniert. Anne lacht. Laura macht Sport. Kim spielt Karten.

Track 25 Aufgabe 7
> Text siehe Schülerbuch, S. 19

Track 26 Aufgabe 8 a
0, 1, 2, 3, 4, 5, 6, 7, 8, 9, 10, 11, 12

Track 27 Aufgabe 9 a
Mia: Wie alt bist du?
Tom: Ich bin 9 Jahre alt. Und du?
Mia: Ich bin auch 9. Wie alt ist Socke?
Tom: Er ist ein Jahr alt.

Einheit 3: Meine Schulsachen

Track 28 Aufgabe 1
Tom: der Füller, der Spitzer, der Rucksack, der Buntstift, der Bleistift, der Kugelschreiber, der Radiergummi
Lotte: die Tasche, die Schere, die Federtasche
Emil: das Heft, das Buch, das Lineal

Track 29 Aufgabe 2
der **Fü**ller, der **Blei**stift, der **Bunt**stift, der **Ku**li, der **Spit**zer, der Ra**dier**gummi, der **Ruck**sack, die **Ta**sche, die **Fe**dertasche, die **Sche**re, das Line**al**, das **Buch**, das **Heft**.

Track 30 Aufgabe 4 b
Hier sind 5 Spitzer, 7 Rucksäcke, 3 Scheren, 4 Bücher, 6 Kulis, 9 Radiergummis, 3 Füller, 3 Taschen, 6 Federtaschen, 4 Lineale, 12 Buntstifte, 7 Hefte und 0 Bleistifte.

Track 31 Aufgabe 5 a
● Ich sehe was, was du nicht siehst.
■ Die **Bü**cher.
● Falsch.
■ Die **Ruck**säcke.
● Falsch.
■ Die Ra**dier**gummis.
● Richtig!

Track 32 Aufgabe 6
A, B, C, D, E, F, G, H, I, J, K, L, M, N, O, P, Q, R, S, T, U, V, W, X, Y, Z,
Ä, Ö, Ü, ß

Hörtexte

Track 33 Aufgabe 7 b
T a s c h e n, Taschen – B ü c h e r, Bücher – K u l i s, Kulis – L i n e a l, Lineal

Track 34 Aufgabe 7 c
1 R-a-d-i-e-r-g-u-m-m-i (Radiergummi),
2 B-u-c-h (Buch), 3 S-p-i-t-z-e-r (Spitzer),
4 S-c-h-e-r-e (Schere)

Track 35 Aufgabe 8 a
Lotte: Wie schreibt man *Rucksack*?
Tom: Keine Ahnung! Das ist schwer.
Emil: Das ist leicht! R-u-c-k-s-a-c-k
Lotte: Danke.

Track 36 Aufgabe 9
Lied **Abc-Party** siehe Schülerbuch, S. 28

Einheit 4: Meine Schule

Track 37 Aufgabe 1 b
Mia: Das ist meine Schule. Jetzt ist Pause.
Das ist meine Klasse. Wir sind 11 Jungen und 12 Mädchen.
Wir haben Musik. Die Lehrerin spielt gern Klavier.
Das ist die Turnhalle. Herr Fischer ist der Sportlehrer. Sport ist toll.
Wir haben Englisch. Der Lehrer ist cool.
Mein Lieblingsfach ist Mathe. Die Lehrerin heißt Frau Schubert.
Wir haben Sachkunde. Das ist Marios Lieblingsfach.

Track 38 Aufgabe 3
Mein Lieblingsfach ist **Deutsch**, *Deutsch, Deutsch, Deutsch*.
Dein Lieblingsfach ist **Englisch**, *Eng-, Eng-, Eng-*.
Tolgas Lieblingsfach ist **Musik**, *-sik, -sik, -sik*.
Marios Lieblingsfach ist **Sachkunde**, *Sach-, Sach-, Sach-*.

Track 39 Aufgabe 5
Emil: Magst du Sport?
Lotte: Ja, Sport ist toll. Sport ist mein Lieblingsfach.
Emil: Echt? Mein Lieblingsfach ist Mathematik.
Lotte: Mathematik? Ich mag Mathe nicht. Mathe ist langweilig. Magst du Deutsch?
Emil: Ja, ich mag Deutsch. Deutsch ist leicht.

Track 40 Aufgabe 9
● Sind das Ra**dier**gummis?
■ Ja, das sind Ra**dier**gummis.
● Sind das **Bunt**stifte?
■ Nein, das sind keine **Bunt**stifte.

Track 41 Aufgabe 10 c
Hallo! Ich bin Lina. Hier sind die Lehrer. Ich mag Sport. Mathe ist mein Lieblingsfach.

Einheit 5: Meine Woche

Track 42 Aufgabe 1 b
Lukas: Lotte? Was machst du heute?
Lotte: Heute ist Montag. Heute spiele ich Hockey.
Lukas: Ich spiele am Dienstag Hockey.
Lotte: Und was machst du am Mittwoch?
Lukas: Am Mittwoch spiele ich Fußball. Und du?
Lotte: Ich auch. Und am Donnerstag? Am Donnerstag lernen wir.
Lukas: Hmhm … am Freitag schreiben wir einen Deutsch-Test.
Lotte: Ja, aber am Samstag und Sonntag besuche ich Oma und Opa. Kommst du mit, Lukas?

Track 43 Aufgabe 2
Montag, **Dien**stag, Mittwoch, **Donn**erstag, **Frei**tag, **Sams**tag, **Sonn**tag

Track 44 Aufgabe 5 a
Ich spiele gern Klavier. Ich fahre gern Rad. Ich sehe gern Filme. Ich lese gern Comics. Ich höre gern Musik. Ich treffe gern Freunde. Ich gehe gern ins Kino.

Track 45 Aufgabe 5 c
Liest du gern Comics? Ja, ich lese gern Comics. Triffst du gern Freunde? Ja, ich treffe gern Freunde. Fährst du gern Rad? Nein, ich fahre nicht gern Rad. Gehst du gern ins Kino? Nein, ich gehe nicht gern ins Kino. Siehst du gern Filme? Ja, ich sehe gern Filme. Hörst du gern Musik? Ja, ich höre gern Musik.

Track 46 Aufgabe 7 a
Emil: Spielen wir am Samstag Computerspiele?
Tom: Nein, ich habe keine Lust.

Lotte: Fahren wir am Samstag Rad?
Mia: Nein, ich habe keine Zeit.
Lotte: Schade!

Lukas: Machen wir zusammen Hausaufgaben?
Emil: Wann?
Lukas: Am Mittwoch.
Emil: Ja, das geht.

Track 47 Aufgabe 8
Lied **Am Wochenende** siehe Schülerbuch, S. 42

Hörtexte

Einheit 6: Das esse ich gern

Track 48 Aufgabe 1 b
Schokolade, Erdbeere, Maracuja, Vanille, Mango, Kiwi, Zitrone

Track 49 Aufgabe 1 c
Emil: Schau mal, eine Eisdiele!
Tom: Eis, lecker!
Emil: Magst du Erdbeereis?
Tom: Ich liebe Erdbeereis. Und du?
Emil: Ich auch. Aber mein Lieblingseis ist Schokoladeneis.
Tom: Komm mit!
Tom: Eine Kugel Erdbeereis, bitte!
Eisverkäuferin: Hier, bitte. Und du?
Emil: Zwei Kugeln Schokoladeneis, bitte!

Track 50 Aufgabe 2
Erdbeereis, **Man**goeis, **Va**nilleeis, Schoko**la**deneis, Mara**cu**jaeis, **Ki**wieis, Zi**tro**neneis

Track 51 Aufgabe 3
Gummibärchen, Schokolade, Popcorn, Kekse, Bonbons

Track 52 Aufgabe 4 a
das Brot, das Brötchen, der Käse, die Marmelade, die Butter, der Honig, das Müsli, das Wasser, der Tee, die Milch, der Kakao, der Saft

Track 53 Aufgabe 4 b
das Müsli, das Wasser, der Tee, das Brot, der Kakao, der Saft, die Milch, das Brötchen, der Käse, die Marmelade, die Butter, der Honig

Track 54 Aufgabe 5
das **Brot**, das **Bröt**chen, der **Kä**se, die Marme**la**de, der **Ho**nig, das **Müs**li, der **Tee**

Track 55 Aufgabe 6 a
● Was isst du zum Frühstück?
Tom: Ich esse Brötchen mit Marmelade. Ich trinke Saft.
Mia: Ich esse Müsli mit Milch. Ich trinke Wasser.
Emil: Ich esse Brot mit Butter und Käse. Ich trinke Tee.

Track 56 Aufgabe 7 a
● Hallo! Wir haben jetzt Pause und alle Kinder essen gern. Was esst und trinkt ihr gern? Und was nicht?
■ Hallo. Ich trinke sehr gern Saft und esse gern ein Brötchen. Milch trinke ich nicht gern.
● Guten Appetit!
Hey, Tara. Und du? Was isst du gern?
■ Ich esse oft Obst. Ich esse gern Äpfel. Bananen esse ich nicht gern. Aber ich esse sehr gern Erdbeeren.
● Mhm, lecker!
Und du, Sebastian? Was isst und trinkst du gern?
■ Ich trinke sehr gern Wasser und esse gern ein Brot mit Käse und Salat. Aber Brot mit Marmelade esse ich nicht gern.
● Guten Appetit!

Track 57 Aufgabe 8 a
Gedicht siehe Schülerbuch, S. 48

Einheit 7: Meine Familie

Track 58 Aufgabe 1 b
Lotte: Mia, ist das deine Familie?
Mia: Ja. Das sind meine Eltern: meine Mama und mein Papa.
Lotte: Und wer ist das?
Mia: Das ist mein Bruder Alex. Er liebt Fußball. Das ist meine Schwester Sofie. Sie ist noch ein Baby. Und das sind meine Großeltern: meine Oma und mein Opa.
Lotte: Und wer ist das?
Mia: Das sind meine Tante, mein Onkel, meine Cousine und mein Cousin. Wir spielen oft zusammen.
Lotte: Und deine Katze!
Mia: Ja, meine Katze ist total verrückt.

Track 59 Aufgabe 2 a
die **Ma**ma, der **Pa**pa, die **O**ma, der **O**pa, die **Schw**ester, der **Bru**der, die **Tan**te, der **On**kel, die Cou**si**ne, der Cou**sin**

Track 60 Aufgabe 2 c
die **O**ma, der **O**pa, die **Ma**ma, der **Pa**pa

Track 61 Aufgabe 5 a
Ich bin Klara. Meine Familie ist klein. Ich habe keine Geschwister. Aber ich habe eine Katze.
Ich bin Hannes. Meine Familie ist groß. Das sind meine Eltern, meine Großeltern, mein Onkel, meine Tante und meine Geschwister.

Track 62 Aufgabe 7 b
dreizehn, **vier**zehn, **fünf**zehn, **sech**zehn, **sieb**zehn, **acht**zehn, **neun**zehn, **zwan**zig

Track 63 Aufgabe 7 e
dreizehn, **vier**zehn, **fünf**zehn, **sech**zehn, **sieb**zehn, **acht**zehn, **neun**zehn

Hörtexte

Track 64 Aufgabe 8

Lied **Zahlen-Rap** siehe Schülerbuch, S. 56

Einheit 8: Mein Lieblingstier

Track 65 Aufgabe 1 b

Muh, Wiehern, Miau, Krähen, Bellen, Ia, Grunzen, Blöken

Track 66 Aufgabe 1 c

Tom: *Muhen* – die Kuh
Mia: *Wiehern* – das Pferd
Emil: *Miauen* – die Katze
Lotte: *Krähen* – der Hahn
Lukas: *Bellen* – der Hund
Tom: *Ia* – der Esel
Emil: *Grunzen* – das Schwein
Lukas: *Blöken* – das Schaf

Track 67 Aufgabe 2

der Hund	die Hunde
der Hahn	die Hähne
das Pferd	die Pferde
die Kuh	die Kühe
das Schwein	die Schweine
das Schaf	die Schafe
die Katze	die Katzen
der Esel	die Esel

Track 68 Aufgabe 5 a

Mia: der Elefant, die Giraffe, der Eisbär, der Tiger, das Zebra, das Nashorn, der Pinguin, das Kamel, der Affe, das Krokodil, der Papagei

Track 69 Aufgabe 5 c

Emil: Schaut mal, im Zoo sind 3 Elefanten, 3 Giraffen, 2 Eisbären, 2 Tiger, 3 Zebras, 2 Nashörner, 5 Pinguine, 2 Kamele, 4 Affen, 2 Krokodile und 3 Papageien.

Track 70 Aufgabe 6

● Elefanten sind **klein**.
■ Nein! Elefanten sind **groß**.
● Papageien sind **leise**.
■ Nein! Papageien sind **laut**.

Track 71 Aufgabe 7

Gedicht siehe Schülerbuch, S. 62

Anhang Feste: Weihnachten

Track 72 Aufgabe 1 a

der Adventskalender, der Adventskranz, Sterne basteln, Kekse backen

Track 73 Aufgabe 1 b

A
Lotte: Was machst du da?
Lukas: Sterne basteln.
B
Lukas: Hm, lecker, Kekse!
Lotte: Die sind für Mama und Papa.
C
Lotte: Was ist im Adventskalender?
Lukas: Schokolade.
D
Lotte: Lukas, Mama hat einen Adventskranz.

Track 74 Aufgabe 2 a

Lukas: Das ist mein Wunschzettel: ein Skateboard, eine Gitarre, ein Buch und ein Meerschweinchen
Lotte: Und das ist mein Wunschzettel: Ein Fahrrad, eine Jeans, ein Meerschweinchen

Track 75 Aufgabe 2 b

ein Skateboard, ein Fahrrad, eine Gitarre, eine Jeans, ein Buch, ein Meerschweinchen

Track 76 Aufgabe 3 a

die Kerzen, der Tannenbaum, die Kekse, die Sterne, die Geschenke

Track 77 Aufgabe 3 b+c

Eltern von Lotte, Lukas: Fröhliche Weihnachten!
Lotte und Lukas: Fröhliche Weihnachten!
Lukas: Oh, der Tannenbaum ist schön! Und da, da sind die Geschenke!
Lotte: Und die Kerzen brennen!
Mutter: Halt! Halt! Halt! Erst singen wir, dann die Geschenke!

Track 78 Aufgabe 4

Weihnachtslied siehe Schülerbuch, S. 67

Anhang Feste: Ostern

Track 79 Aufgabe 1 c

1 Eier ausblasen, Eier bemalen, Osterstrauß schmücken
2 Eier kochen, Eier färben, Eier ins Nest legen, Ostereier und Osternester suchen, Eier essen

Track 80 Aufgabe 3

Großer Ball und kleiner Ball,
oben dran zwei Ohren,
drum herum noch viele Eier,
Arme, Augen, Mund und Nase,
fertig ist der Osterhase.

Hörtexte

Hörtexte Arbeitsbuch

Einheit 1: Ich und du

Track 1
Copyright

Track 2 Aufgabe 3
- Guten Morgen! Wie geht's?
- Prima, danke!
- Bis später!
- Tschüs. Viel Spaß!

Track 3 Aufgabe 4 b
1 Hallo, ich heiße Tina.
2 Ich bin Peter. Und wie heißt du?
3 Ich wohne in Berlin.

Track 4 Aufgabe 5
Woher kommst du?
Wohnst du hier?
Wie heißt du?

Track 5 Aufgabe 7

> Lied **Was machst du gern?** siehe Schülerbuch, S. 14

Einheit 2: Meine Freunde

Track 6 Aufgabe 3
Ich bin Lukas. Ich bin sportlich.
Das ist Lea. Sie ist witzig.
Das ist Emil. Er ist schlau.

Track 7 Aufgabe 7 a
7 – 10 – 2 – 4 – 7 – 11 – 3 – 6 – 12 – 5 – 9 – 1 – 8
7 – 10 – 2 – 4 – 7 – 11 – 3 – 6 – 12 – 5 – 9 – 1 – 8

Track 8 Aufgabe 10
1 Hi, ich bin Lena. Ich bin sehr sportlich und schlau bin ich auch. Ja, sehr schlau sogar. Ich bin 10 Jahre alt. Ich tanze gern. Tanzen ist toll. Was mache ich noch gern? Ach ja … ich telefoniere gern.
2 Hallo, ich heiße Max. Ich bin 9 Jahre alt. Ich mache Karate und ich spiele Fußball. Ich spiele sehr gern Fußball. Ich bin sportlich und lustig. Ich lache viel.

Track 9 Was kann ich 3
7 – 4 – 11 – 8 – 9 – 3 – 12

Einheit 3: Meine Schulsachen

Track 10 Aufgabe 2 b
1 Der Radiergummi, 2 Der Buntstift, 3 Die Federtasche, 4 Die Schere, 5 Das Lineal

Track 11 Aufgabe 6
- Das ist meine Federtasche. Und hier sind drei Kulis.
- Drei Kulis … so viele?
- Ja, … drei Kulis. Und 2 Füller.
- 2 Füller …
- Hier sind noch fünf Buntstifte. Eins, zwei, drei, vier, fünf, … ja, fünf.
- Und hier sind noch zwei Spitzer. Mia, zwei Spitzer?
- Ja, zwei. Und ein Lineal.
- Aha, nur ein Lineal?
- Ja.

Track 12 Aufgabe 7 a
1 S C H E R E, 2 L I N E A L, 3 T A S C H E,
4 S P I T Z E R, 5 R A D I E R G U M M I, 6 K U L I

Track 13 Aufgabe 8
- Wie schreibt man *Rucksack*?
- Keine Ahnung! Das ist schwer.
- Das ist leicht! R-U-C-K-S-A-C-K
- Danke.

Track 14 Aufgabe 9

> Lied **Abc-Party** siehe Schülerbuch, S. 28

Einheit 4: Meine Schule

Track 15 Aufgabe 3
Mathematik, Musik, Englisch, Sachkunde

Track 16 Aufgabe 5 b
1
- Magst du Kunst?
- Ja, Kunst ist toll. Kunst ist mein Lieblingsfach.

2
- Magst du Kunst?
- Kunst ist langweilig.
- Was magst du?
- Sport ist toll.

3
- Was ist dein Lieblingsfach?
- Mein Lieblingsfach ist Musik. Musik ist cool. Mathematik mag ich nicht. Mathematik ist schwer.

4
- Echt? Nein, Mathe ist leicht. Ich mag Mathematik und ich mag Deutsch.

Hörtexte

Track 17 Aufgabe 5 c

- Magst du Kunst?
- Ja, Kunst ist toll. Kunst ist mein Lieblingsfach.
- Echt? Mein Lieblingsfach ist Mathe.
- Mathe? Ich mag Mathe nicht. Mathe ist langweilig.
- Magst du Sachkunde?
- Ja, ich mag Sachkunde. Sachkunde ist super.

Track 18 Aufgabe 9 a

1 Sind das Kulis? 2 Das sind keine Scheren. 3 Sind das Bücher? 4 Sind das Lineale? 5 Das sind keine Kulis. Das sind keine Bücher. Sind das Scheren? Das sind keine Lineale.

Einheit 5: Meine Woche

Track 19 Aufgabe 1

Am Montag lerne ich. Am Dienstag kommt Phillip. Er ist mein Freund. Am Mittwoch besuche ich Oma. Am Donnerstag mache ich Karate. Am Freitag spiele ich Tennis. Am Samstag und am Sonntag spiele ich Fußball.

Track 20 Aufgabe 2

am Montag, am Dienstag, am Mittwoch, am Donnerstag, am Freitag, am Samstag, am Sonntag

Track 21 Aufgabe 6 a

Am Montag mache ich Sport, immer Karate. Am Dienstag fahre ich Rad. Am Mittwoch spiele ich Hockey. Am Donnerstag gehe ich ins Kino. Am Freitag lerne ich nicht. Ich lese Comics.

Track 22 Aufgabe 8

Lied **Am Wochenende** siehe Schülerbuch, S. 42

Einheit 6: Das esse ich gern

Track 23 Aufgabe 1 b

1
- Schau mal, eine Eisdiele!
- Eis, lecker!
- Magst du Erdbeereis?
- Ich liebe Erdbeereis. Und du?
- Ich auch. Aber mein Lieblingseis ist Schokoladeneis.

2
- Komm mit!
- Eine Kugel Erdbeereis, bitte!
- ▶ Hier, bitte. Und du?
- Zwei Kugeln Schokoladeneis, bitte!

Track 24 Aufgabe 2

Schokoladeneis, Maracujaeis, Kiwieis, Zitroneneis

Track 25 Aufgabe 5

das Brot – das Brötchen – der Käse – die Marmelade – der Honig – das Müsli

Track 26 Aufgabe 9 a

- Hallo Kinder! Was esst ihr gern in der Pause? Josephine, was isst du gern?
- Ich esse gern Obst. Ich mag Bananen und Äpfel.
- Und du Anne? Was isst du gern in der Pause?
- Ich esse gern Brot mit Marmelade. Schinkenbrot esse ich nicht gern.
- Hallo Matteo. Was trinkst du zum Frühstück?
- Ich trinke Apfelsaft.
- Und du Carlo? Magst du Apfelsaft?
- Nein, ich mag keinen Apfelsaft. Ich trinke gern Wasser.

Einheit 7: Meine Familie

Track 27 Aufgabe 2 a+b

die Mama, der Papa, die Oma, der Opa, die Tante, der Onkel, die Schwester, der Bruder, die Cousine, der Cousin

Track 28 Aufgabe 5 a

1
Hallo, ich bin Jan. Meine Familie ist klein. Meine Mama heißt Tanja. Sie liest gern. Sie ist nett. Mein Papa heißt Jens. Er ist sehr sportlich.
2
Ich habe einen Bruder. Er heißt Leon. Er ist schlau und er liebt Mathematik. Wir haben auch einen Hund. Er heißt Chico. Chico ist süß.

Track 29 Aufgabe 7 a

1 siebzehn, 2 zwanzig, 3 dreizehn, 4 fünfzehn, 5 sechzehn, 6 achtzehn

Track 30 Aufgabe 9 a

1 Das ist meine Mama. Sie heißt Lena und sie liest gern. Mein Papa heißt Marco. Er ist sehr lieb. Wir spielen oft Fußball zusammen.
2 Das ist meine Schwester. Sie heißt Nadia. Sie schwimmt sehr gut.
3 Und das ist mein Bruder. Er heißt Alex. Er spielt auch gern Fußball.
4 Mein Opa und meine Oma wohnen in Hamburg. Meine Oma Renate ist nett. Wir spielen und singen zusammen.
5 Wir haben auch einen Hund. Er heißt Bello. Bello ist süß.

Hörtexte

Einheit 8: Mein Lieblingstier

Track 31 Aufgabe 2
die Hunde – die Hähne – die Kühe – die Pferde – die Schweine – die Schafe

Track 32 Aufgabe 3 a+b
- Hallo, Phillip.
- Hallo, Nora.
- Sag mal Phillip, magst du Tiere?
- Ja, aber nicht alle. Ich mag Esel und Schweine. Ich mag keine Katzen.
  Magst du Katzen?
- Nein, ich mag auch keine Katzen. Ich mag Pferde. Und Schafe mag ich auch sehr gern.

Hörtexte

Hörtexte Animationsfilme
Diese Transkripte sind nicht für den Einsatz der Filme im Unterricht nötig oder vorgesehen. Sie können Ihnen zur Vorbereitung des Unterrichts dienen. Nach den Hör-Sehverstehens-Übungen im Schülerbuch ist es denkbar, Dialogtexte oder einzelne Sätze im Unterricht einzusetzen (z. B. zum Szenennachspielen).

Kleine Pause mit Leo | 1
LEO UND ELLA

Leo: Ahoi, ich bin Leo. Ich wohne in Hamburg. Im Hafen.
Mir ist ja so langweilig.
Oh, im Fluss schwimmt ein Ball. Ich spiele gern Fußball.
Aber ich schwimme nicht gern. Wuaaa.
Ich bin sportlich.

Leo: Wer bist du?
Ella: Ich bin Ella. Wer bist du?
Leo: Ich bin Leo. Ich spiele gern Fußball.
Ella: Ich spiele auch gern Fußball.
Leo: Prima. Los geht's! Ich komme zum Tor.
Ella: Ja, super, ich auch.

Leo: Hier ist das Tor! Ella spielt gern Fußball. Ich spiele auch gern Fußball. Ella ist jetzt meine Freundin.
Ella: Ich gehe ins Tor.
Leo: Oh!
Ella: Okay, du gehst ins Tor.
Leo: Juhu!

Leo: Ich bin sportlich … und schlau.
Leo: Ahoi und bis bald. Euer Kater Leo.

Kleine Pause mit Leo | 2
LEO IN DER SCHULE

Leo: Ahoi, ich bin's, Kater Leo. Mir ist ja so langweilig.
Aber jetzt mit Ella Fußball spielen. Das ist super.

Leo: Hallo Ella! Spielst du Fußball mit mir?
Ella: Nein. Ich gehe in die Schule.
Leo: Okay, ich gehe auch in die Schule.
Ella: Nein, Schule ist nur für Kinder.
Ella: Warum bist du traurig?
Leo: Na, Schule ist nur für Kinder.
Ella: Aber es gibt die Schule für KATZEN.
Leo: Was? Wirklich?
Ella: Ja.
Leo: Dann brauche ich …
Leo: … Bücher… Hefte … Federtasche …

Ella: Na dann, los geht's!
Leo: Ella und ich gehen in die Schule.

Ella: Guten Morgen. Miau!
Katzen: Miau, Frau Lehrerin.
Ella: Herzlich Willkommen in der Schule. Wie heißt du?
Leo: Ich heiße Leo. L – E – O.
Katzen: Herzlich Willkommen L – E – O.
Leo: Richtig. Schule ist cool!
Die Kinder sind lieb.
Ella, jetzt bin ich der Lehrer.
Ella: Ja, okay.
Leo: Das ist toll!
Dann haben wir jetzt mein Lieblingsfach – Sport.

Leo: Schule macht Spaß. Ich bin ein guter Lehrer.
Ella: Ja, klar.
Leo: Du, Ella? Bin ich dein Freund?
Ella: Ja, du bist mein Freund. Aber du gehst nicht in meine Schule!
Leo: Warum? Ist es dort langweilig?
Ahoi und bis bald. Euer Kater Leo.

Kleine Pause mit Leo | 3
LEO UND ELLA ESSEN FRÜHSTÜCK

Leo: Ahoi, ich bin's, Kater Leo. Mir ist ja so langweilig.
Aber jetzt mit Ella Fische angeln, das ist super.
Hallo Ella! Hier Leo. Angeln wir heute zusammen?
Ella: Heute ist Donnerstag. Ich gehe in die Schule. Dann mache ich Hausaufgaben. Am Freitag spiele ich Klavier. Und ich treffe Freunde.
Leo: Oh, schade.
Ella: Am Wochenende habe ich Zeit. Essen wir Frühstück? Bei mir zu Hause?
Leo: Ja, das ist super.

Ella: Magst du Brötchen und Honig?
Leo: Igitt!
Ella: Magst du Müsli?
Leo: Nicht gern.

Hörtexte

Ella: Hm. Und magst du Milch?
Leo: Ja, gern.
Ella: Was isst du gern?
Leo: Sehr gern Fisch.
Ella: Nein! Wir essen das Frühstück am Hafen.
Leo: Super. Da kann ich mein Frühstück angeln.

Leo: Was isst du?
Ella: Brötchen, Käse, Schokolade, Gummibärchen, Kekse …
Leo: Du Naschkatze!
Ella: Und das ist für dich!
Leo: Katzenfutter? Nein, danke, Ella.
Ella: Das ist Fisch!
Leo: Ich esse nur frischen Fisch.
Ella: Hast du keinen Hunger?
Leo: Doch, ich habe großen Hunger.
Ella! Ella! Die Angel. Da ist etwas dran.
Ella: Hahaha, das ist ja ein Ball. Isst du gern Bälle?
Leo: Igitt! Nein, bitte nicht.
Ella: Dann spielen wir heute Fußball.
Leo: Nein, heute spielen wir nicht Fußball. Heute essen wir Katzenfutter.
Ella: Igitt!
Leo: Ahoi und guten Appetit! Euer Kater Leo.

Kleine Pause mit Leo | 4
LEO, ELLA UND DIE FAMILIE

Leo: Ahoi, ich bin's Kater Leo. Mir ist ja so langweilig.
Aber heute mit Ella meine Familie besuchen. Das ist super.
Hallo Ella. Ich bin jetzt Onkel.
Ella: Hallo, Onkel Leo. Ein Katzenbaby? Hast du einen Bruder oder eine Schwester?
Leo: Ich habe dreizehn Brüder und vierzehn Schwestern! Und mein Bruder Theo hat zwei Katzenbabys.
Ella: Wohnt deine Familie im Hafen?
Leo: Ja.
Ella: Ich komme mit.

Leo: Das sind die Babys.
Ella: Oh, wie süß! Schau mal! Der ist wie du, Leo.
Leo: Ja, er heißt Leo zwei.
Leo: Er mag dich.
Ella: Und ich mag Leo.
Leo: Leo eins oder Leo zwei?
Ella: Ich mag Leo eins und Leo zwei und …
Leo: … und?
Ella: Lea eins.
Leo: Haha, ich mag Lea eins auch.
Und deine Familie? Hast du Geschwister?
Ella: Ja. Komm mit! Wir gehen zu mir.
Leo: Ja, gern.

Ella: Schau mal! Das sind meine Eltern. Das ist meine Oma. Sie ist die Mama von meiner Mutter. Und das sind Mama und Papa von meinem Vater.
Leo: Deine Großeltern?
Ella: Ja, und das ist meine Schwester Mira. Sie ist 18 Jahre alt. Sie ist cool. Aber sie wohnt nicht in Hamburg.
Leo: Aber hast du nur eine Schwester?
Ella: Ja. Aber ich habe Goldfische. Das sind meine Haustiere. Ich liebe Goldfische.
Leo: Ich auch. Ich fresse gern Goldfische.
Ella: Das ist nicht lustig.
Leo: Okay, okay.
Ella: Was ist dein Lieblingstier?
Leo: Das ist mein Lieblingstier. Der Tiger. Er ist stark und schnell.
Miau!
Ella: Und das sind meine Lieblingstiere: Die Fische. Sie beißen schnell.
Leo: Ahoi und bis bald. Euer Kater Leo.

Lösungsschlüssel Arbeitsbuch

E 1 | Ich und du

1 Auf dem Schulhof
a von links: 2 Ja!, 3 Guten Morgen, Frau Becker!, 4 Tschüs!
b von links: Lukas, Mia, Emil

2 Herzlich willkommen!
1K, 2L, 3A, 4S, 5S, 6E
Die Lösung ist KLASSE.

3 Guten Morgen!
Guten Morgen!, Wie geht's?, Prima, danke!, Bis später!, Tschüs! Viel Spaß!

4 Wie heißt du?
a Ich bin Maria. Und wie heißt du? Ich heiße Ali. Ich heiße Ben. Und wie heißt du? Ich heiße Moritz. Woher kommst du? Ich komme aus Köln.
b 1 Hallo, ich heiße Tina.
2 Ich bin Peter. Und wie heißt du?
3 Ich wohne in Berlin.

5 a+b Wohnst du jetzt hier?
1 Woher kommst du? Ich komme aus Hamburg.
2 Wohnst du hier? Ja!
3 Wie heißt du? Ich heiße Nina.

6 Hobbys: Was machst du gern?
a obere Reihe: 2, 5, 4; untere Reihe: 6, 3, 1
b 1 gern, 2 schwimme, 3 Basketball, 4 spiele
c 2 spielst, 3 malst, 4 singst
d Du schwimmst. Du tanzt.

7 Was machst du gern?
2 Ich singe gern …
3 Was machst du gern? …
4 Ich spiele gern Hockey …

8 Fragen und antworten
a Wo wohnst du? Woher kommst du? Wer bist du? Wo wohne ich? Woher komme ich? Wer bin ich?
b Du malst nicht gern. Du schwimmst gern / nicht gern. Du tanzt gern / nicht gern. Ich male gern / nicht gern. Ich tanze gern / nicht gern. Ich schwimme gern / nicht gern. Ich spiele gern Fußball. Ich spiele gern / nicht gern Hockey. Ich spiele gern / nicht gern Tischtennis. Ich spiele gern / nicht gern Basketball. Du spielst gern / nicht gern Fußball. Du spielst gern / nicht gern Hockey. Du spielst gern / nicht gern Tischtennis. Du spielst gern / nicht gern Basketball.

E 2 | Meine Freunde

1 Meine Freundin, mein Freund
a Mädchennamen: Anna, Lotte, Nele, Lea, Lina, Marie, Emilie, Alina, Mia. Jungennamen: Ben, Paul, Elias, Emil, Noah, Lukas, Finn, Moritz, Max
b links: Das ist Emil. Er ist mein Freund.
rechts: Das ist Mia. Sie ist meine Freundin.

2 So sind die Freunde
lustig, schlau, sportlich

4 Sich vorstellen
2 Das ist Till. Er ist lustig. 3 Das ist Sarah. Sie ist schlau. 4 Das ist Paula. Sie ist sportlich.

5 Was macht das Kind?
1 Sie macht Karate. 2 Er spielt Computerspiele. 3 Sie spielt Karten. 4 Er spielt Tennis.

6 Wer ist das?
Das ist Lucia. Sie wohnt in Palermo. Sie ist 9 Jahre alt. Sie ist witzig. Sie spielt gern Karten und sie tanzt nicht gern.

7 Die Zahlen von 1 bis 12
a Seestern

8 Zahlen und Sport
a sechs, fünf, zwölf, sieben, zwei, elf, zwei, drei, acht, vier
b 11, 8, 9, 1, 5

9 Wie alt bist du?
2 Ich bin zwölf Jahre alt. 3 Ich bin sieben Jahre alt. 4 Ich bin vier Jahre alt.

10 Schüler-Chat
1 schlau, 10, tanzt
2 9, spielt gern Fußball, lustig

11 Was macht das Kind gern / nicht gern?
2 Er telefoniert gern. 3 Er spielt nicht gern Fußball. 4 Sie spielt gern Computerspiele.

1 | Kleine Pause

1 Was ist richtig? Was ist falsch?
Tom kommt aus Hamburg. R, Hund heißt Timo. F, Mia ist sportlich. R, Tom ist schlau. R, Ich heiße Lukas. F, Timo telefoniert. R, Leonie spielt Tennis. F, 4 + 3 = 7 R, Mia ist 10 Jahre alt. F

2 Was sagen die Kinder?
Hallo, Mia! Hallo, Emil!

Tschüs, Mia! Tschüs, Emil!
Guten Tag! Guten Tag, Lukas!
Auf Wiedersehen! Auf Wiedersehen!

E 3 | Meine Schulsachen

1 Der Füller, die Tasche, das Buch
 a+b 2F die Schere, 3E der Füller, 4A das Lineal, 5C der Spitzer, 6G das Buch, 7D die Tasche, 8B das Heft
 c 1 Bleistift, 2 Tasche, 3 Heft, 4 Lineal, 5 Kuli, 6 Rucksack
 Lösung: Schere

2 Schulsachen und laute Silben
 a 2 Bunt-stift, Fe-der-ta-sche, Sche-re, Li-ne-al

3 Ratespiel
 der Füller, der Kuli, der Rucksack, das Lineal, die Schere

4 Viele Schulsachen
 Hier sind zwei Federtaschen, vier Bücher, fünf Hefte, zwei Lineale, zwei Scheren, zwei Spitzer, drei Radiergummis, vier Bleistifte, drei Buntstifte, zwei Füller, zwei Kulis.

5 Die Füller, die Taschen, die Bücher
 3 Kulis, 2 Füller, 5 Buntstifte, 2 Spitzer, 1 Lineal

6 Das Alphabet
 E e, G g, J j, M m, P p, S s, V v, X x, Z z

7 Buchstabieren
 a+b 2E Lineal, 3A Tasche, 4B Spitzer, 5F Radiergummi, 6D Kuli

8 Wie schreibt man das?
 1 Wie schreibt man Rucksack?
 2 Keine Ahnung. Das ist schwer.
 3 Das ist leicht: -R-U-C-K-S-A-C-K-. 4 Danke!

9 Abc-Party
 C, G, K, N, Q, S, V, Z, E, J, N, T, X, Y, U, O, H, C

10 Suchbild
 acht, **B**ücher, **F**üller, **H**efte, **K**ugelschreiber, **L**ineale, **n**eun, **R**ucksack, **S**chere, **T**asche, **v**ier, **z**wölf

E 4 | Meine Schule

1 Mias Schule
 1 Jetzt ist Pause. 2 Wir haben Musik. 3 Das ist die Turnhalle. 4 Das ist meine Klasse. 5 Hier haben wir Sachkunde. 6 Mein Lieblingsfach ist Mathe.

2 Welches Schulfach ist das?
 1 Sachkunde, 2 Englisch, 3 Sport, 4 Mathe, 5 Deutsch, 6 Kunst, 7 Musik

3 Schulfächer mit Echo
 Mathematik, Musik, Englisch, Sachkunde

5 Ich mag Sport
 a Man mag etwas: cool, toll, leicht
 Man mag etwas nicht: schwer, langweilig, blöd
 b 2 Sport, 3 Musik, 4 Deutsch, Mathematik
 c 1 Magst, ist, mein
 2 Lieblingsfach, langweilig
 3 du, mag, super

6 Magst du …?
 2 Magst du Musik? Ja, ich mag Musik.
 3 Magst du Mathe? Nein, ich mag Mathe nicht.
 4 Magst du Englisch? Ja, ich mag Englisch.

7 Lieblingsfächer in eurer Klasse
 Wir mögen nicht Sport und Englisch.

8 Wir haben Kunst
 2 Das ist ein Radiergummi. 3 Das ist ein Buch. 4 Das ist eine Federtasche. 5 Das ist ein Rucksack. 6 Das ist ein Füller.

9 Radiergummis, Buntstifte, Scheren?
 a 1 ↗, 2 ↘, 3 ↗, 4 ↗, 5 ↘, 6 ↘, 7 ↗, 8 ↘
 b 2 Nein, das sind keine Bleistifte. Das sind Buntstifte. 3 Nein, das sind keine Scheren. Das sind Lineale. 4 Ja, das sind Spitzer.

10 Timos und Umas Schule
 a Ich bin Timo. Ich wohne in München. Ich mag meine Schule. Das ist meine Klasse. Mein Lieblingsfach ist Deutsch. Meine Lehrerin heißt Frau Mendez. Sie ist super.
 b 1 falsch, 2 richtig, 3 richtig, 4 falsch, 5 falsch

2 | Kleine Pause

1 Wie heißen die Schulsachen?
 Kuli, Bleistift, Füller, Buch, Rucksack, Spitzer, Lineal, Tasche, Heft, Schere, Radiergummi, Buntstift

2 Welche Schulfächer mögen die Kinder?
 Musik ist cool. Kunst ist toll. Ich mag Englisch. Ich mag Mathe. Sachkunde ist mein Lieblingsfach. Mein Lieblingsfach ist Sport.

Lösungsschlüssel Arbeitsbuch

E 5 | Meine Woche

1 Was machst du heute?
Am Montag lerne ich. Am Dienstag kommt Philipp. Am Mittwoch besuche ich Oma. Am Donnerstag mache ich Karate. Am Freitag spiele ich Tennis. Am Samstag und am Sonntag spiele ich Fußball.

2 Die Wochentage
am Montag, am Dienstag, am Mittwoch, am Donnerstag, am Freitag, am Samstag, am Sonntag

3 Eine Woche
horizontal: Montag, Mittwoch, Freitag, Samstag
vertikal: Dienstag, Sonntag
Es fehlt: Donnerstag

4 Der Wochenplan
Am Dienstag kommt Phillip. Am Mittwoch besucht er Oma. Am Donnerstag macht er Karate. Am Freitag spielt er Tennis. Am Samstag und Sonntag spielt er Fußball.

5 Hobbys
a gehen, Musik, sehen, Rad, spielen, Freunde, fahren, Comics, hören, ins, Kino, lesen, Filme, treffen
b Musik hören, Rad fahren, Freunde treffen, Comics lesen, ins Kino gehen, Filme sehen
c 2 Anna, hörst du gern Musik? 3 Anna, gehst du gern ins Kino? 4 Nein, ich fahre nicht gern Rad. 5 Ja, ich treffe gern Freunde.

6 Wochenpläne
a Dienstag: Rad fahren, Mittwoch: Hockey spielen, Donnerstag: ins Kino gehen, Freitag: Comics lesen
b Am Dienstag fährt Ben Rad. Am Mittwoch spielt er Hockey. Am Donnerstag geht er ins Kino. Am Freitag liest er Comics.

7 Machen wir zusammen Hausaufgaben?
a T Schauen wir Filme? O Wann?
L Am Mittwoch. L Nein, ich habe keine Zeit.
Lösung: TOLL
b links: D, A; rechts: C, B

8 Am Wochenende
Hausaufgaben, Oma und Opa besuchen, Klavier spielen

9 Mein Wochenende
1 fährt, 2 liest, 3 macht Hausaufgaben, 4 besuchen, 5 spielt, 6 tanzt

E 6 | Das esse ich gern!

1 Eine Eisdiele
a E die Erdbeere, A die Zitrone, B die Schokolade, D das Eis
b 1: 4, 5, 2: 1, 2

2 Eissorten und lange Vokale
Schokoladeneis, Maracujaeis, Kiwieis, Zitroneneis

3 Für Naschkatzen
Kekse, Schokolade, Bonbons, Popcorn, Erdbeereis

4 Das Frühstück
1 Müsli, 2 Butter, 3 Saft, 4 Brot, 5 Milch, 6 Honig, 7 Brötchen, 8 Tee

5 Nahrungsmittel und lange Vokale
das Brot, das Brötchen, der Käse, die Marmelade, der Honig, das Müsli

6 Wer isst und wer trinkt was?
a 1 isst, esse
2 trinkst, trinke
3 isst

7 Wir haben Pause
b 1 Schokolade, gern, Milch
2 sehr gern Wasser, gern Schokoladeneis, nicht gern Käse
c Sie essen Schokolade nicht gern. Sie trinken Saft zum Frühstück. Sie essen Müsli mit Milch. Sie essen Brot mit Marmelade. Sie trinken gern Wasser.

9 Essen und Trinken
a 2 Anne ist gern Brot mit Marmelade. 3 Matteo trinkt Apfelsaft. 4 Carlo trinkt gern Wasser.
b Wir essen gern Schokolade.
Wir essen nicht gern Müsli.
Wir trinken gern Saft.
Wir trinken nicht gern Wasser
Ja, ich esse gern Schokolade.

3 | Kleine Pause

1 Was ist richtig?
1 Comics, 2 Donnerstag, 4 Sie hört Musik., 6 Ja, lecker!, 8 der Käse, 10 der Saft, 11 Rad, 12 Er sieht Filme., 13 Kakao, 16 Nein, ich habe keine Lust., 18 das Brot, 20 Marmelade, 21 Ich treffe gern Freunde., 23 der Honig, 28 Klavier, Gitarre

Lösungsschlüssel Arbeitsbuch

E 7 | Meine Familie

1. **Mias Familie**
   a Schwester, Onkel, Cousine, Oma, Bruder
   b meine Mama, meine Tante, mein Bruder, mein Cousin, meine Oma

2. **Familienmitglieder – betonte und unbetonte Silben**
   a die Mama, der Papa, die Oma, der Opa, die Tante, der Onkel, die Schwester, der Bruder, die Cousine, der Cousin

3. **Wer ist das?**
   die Großeltern: Opa, Oma; die Eltern: Mama, Papa; die Geschwister: Bruder, Schwester

4. **Familienkette**
   der Onkel und die Tante, der Cousin und die Cousine

5. **Familien**
   a 1 klein, Mama, sportlich
   2 Bruder, schlau, süß
   b 1 eine, keinen; 2 einen, keine; 3 eine, keinen; 4 eine, keinen; 5 keine

7. **Zahlen von 13 bis 20 fragen:**
   a 1–17, 2–20, 3–13, 4–15, 5–16, 6–18
   b 2 sechzehn, 3 achtzehn, 4 vierzehn, 5 zwanzig, 6 siebzehn
   c Lösung: sechzehn

8. **Was passt zusammen?**
   Ist das deine Schwester? Nein, das ist meine Tante.
   Wo wohnen deine Großeltern? In München.
   Hat Mike einen Bruder? Nein, er hat eine Schwester.
   Wie alt ist deine Cousine? Sie ist 14.
   Was macht dein Papa gern? Er schwimmt gern.

9. **Fantasiefamilien**
   b 1B, 2D, 3E, 4A, 5C

E 8 | Mein Lieblingstier

1. **Auf dem Bauernhof**
   a+b links von oben: der Esel, der Hund, das Schaf, die Kuh
   rechts von oben: das Schwein, der Hahn, die Katze, das Pferd

2. **Die Tiere**
   die Hähne, die Kühe, die Pferde, die Schweine, die Schafe

3. **Magst du Tiere?**
   a Phillip: Esel, Schweine. Nora: Pferde, Schafe.
   b Ich mag Esel und Schweine. Ich mag keine Katzen.

4. **Haustiere**
   b 2 Clara hat ein Pferd. 3 Luis hat einen Hund. 4 Kim hat einen Goldfisch.

5. **Im Zoo**
   1 Zebra, 2 Affe, 3 Pinguin, 4 Elefant, 5 Giraffe

6. **Tiger sind schnell**
   a+b Auf Bild B sind zwei Elefanten, ein Papagei, zwei Pinguine, zwei Affen.
   c Zum Beispiel: Eisbär: groß, stark; Kamel: groß, langsam, leise; Papagei: klein, schwach, laut; Affe: klein/groß, schlau, laut

7. **Tiergedichte**
   Tiger, Goldfisch

8. **Tier-Steckbriefe**
   a Giraffe, im Zoo, Gras, groß und schnell

4 | Kleine Pause

1. **Wer sind die Familienmitglieder?**
   Opa, Oma
   links: Papa, Mama, Ich, Bruder, Schwester
   rechts: mein Onkel, meine Tante, mein Cousin, meine Cousine

2. **Was ist das?**
   ein Krokodil

3. **Was sagt das Kind?**
   1 Mein Lieblingstier ist klein und schnell. Es frisst Karotten.
   2 Mein Lieblingstier ist groß. Es lebt im Zoo.
   3 Mein Lieblingstier ist klein. Es lebt im Haus. Es singt.

4. **Wie sind die Tiere und wo leben sie?**
   schnell: Tiger
   schnell + Haustier / auf dem Bauernhof: Hund
   Haustier / auf dem Bauernhof: Schaf
   schnell + Haustier / auf dem Bauernhof + groß: Pferd
   schnell + groß: Giraffe
   groß: Nilpferd
   groß + Haustier / auf dem Bauernhof: Kuh

Die Audio-CD enthält alle Aufgaben zum Hörverstehen im Schülerbuch sowie zum Hörverstehen in den Tests (Track 81–86).
Aufgenommen von Ivonne Dekarski im Tonstudio DEKARSKI
Regie: Dr. Samia Little Elk, Dr. Giselle Valman
Sprecherinnen und Sprecher: Rainer Fritzsche, Dr. Samia Little Elk, Ivonne Dekarski, Leni Radünz, Mia Schröder, Anton Dietrich, Paul Dietrich, Clara Witte, Nils Krohn, Carlo Wisotzky
Eine Produktion der SAMIVO media GbR, Berlin

Tracks 4, 21, 36, 47, 64 (Lieder): Samuel Reißen, Köln
Copyright: Samuel Reißen, Köln